ENSAYOS CRÍTICOS SOBRE PROGRESISMO

TEORÍA EN POCOS MINUTOS

Redes sociales

YouTube: Teoría en pocos minutos

Facebook: Teoría en pocos minutos

Instagram: @Teoria_en_pocos_minutos

E-mail: Teoriaenpocosminutos@gmail.com

ISBN: 9798795409047

ACLARACIONES SOBRE EL LIBRO

Teoría en pocos minutos es un proyecto independiente, dedicado de forma entusiasta a la difusión de material textual y audiovisual, con la finalidad de ofrecer contenido de primera calidad en campos como; la Filosofía, la Psicología, la Ciencia y el Arte, así como sus posibles derivados.

Es así, como advertimos al lector, que esta obra se ha gestado desde las mentes de grandes profesionales y estudiantes -ofreciendo cada uno lo mejor de sí mismo- que estamos seguros podrán llevarse un aprendizaje significativo, para entender nuestra realidad social-Política del momento. Si ha de encontrarse con algunos detalles técnicos o pequeñas faltas en un intento de ecuanimidad del formato, ofrecemos nuestras más sinceras disculpas y prometemos mejorar día con día.

PD: Cada autor es responsable de lo expresado en sus ensayos.

Alejandro Segura Chávez (México, Julio, 2021)

SOBRE LOS AUTORES

En esta ocasión hemos tenido la fortuna de trabajar con personas de México, Argentina, Colombia y España; comprometidos con la labor intelectual y el papel fundamental que implica nuestra posición, en la intención de tener una mejor sociedad en donde vivir.

Contamos con los siguientes autores:

Alejandro Segura Chávez (Jalisco, México, 1994)

Licenciado en Psicología por la Universidad de Guadalajara.

Coautor del libro *"La cientificidad del Psicoanálisis: respuesta definitiva a Sokal y Bunge"*. Es fundador - director del blog y canal de YouTube **Teoría en pocos minutos,** dónde escribe y comenta sobre filosofía, psicología, ciencia, política entre otros temas.

También es conductor y fundador de Podcast Psico-Filosofando. Columnista en Radio América

Argentina y RadioBest (Argentina). Y ha participado en diferentes entrevistas para medios de España, Argentina, México, Chile y Perú.

Alezz15_coldplay@hotmail.com

Facebook: https://www.facebook.com/chaav3z/

Instagram: @Pagliaccisophia

Twitter: @alezz151

Daniel Omar Stchigel (Capital Federal, Argentina, 1968)

Doctor en Filosofía por la Universidad de Buenos Aires y Profesor Universitario y Magister en Psicoanálisis por la Universidad Argentina John F. Kennedy.

Autor de más de veinte libros de filosofía fenomenológica y epistemología, dio por catorce años clases como profesor titular en Filosofía, Lógica, Antropología Filosófica, Bioética, Deontología de la Profesión Docente y Desarrollo de las Corrientes Psicológicas, también profesor online. Es experto en Husserl, sobre cuya obra basó su tesis de doctorado, y en Lacan, sobre quien hizo su tesis de magisterio.

José Manuel Rodríguez Pardo (Gijón, España, 1976)

Doctor en Filosofía por la Universidad de Oviedo, Magister en Pedagogía por la Universidad de Oviedo, Licenciado en Filosofía por la Universidad de Oviedo.

Trabajo en la investigación "El Alma de los Brutos en la Filosofía Española del siglo XVII, en el entorno del Padre Feijoo". Ha tomado diferentes cursos y especializaciones, actualmente alterna como docencia universitaria y secundaria; ha trabajado en la elaboración y coordinación de conferencias y seminarios organizados por la Fundación Gustavo Bueno.

También tiene diversas publicaciones en libros y revistas especializadas, incluyendo la revista Metábasis de la que es director y editor, así como su partición; en numerosos congresos con conferencias y congresos; de igual modo tiene un canal de YouTube llamado Metábasis también.

jmrodriguezpardo@gmail.com
Facebook: https://www.facebook.com/RevistaMetabasis/
Instagram: https://www.instagram.com/metabasiseisallogenos/

José Manuel Guirado Piñero (Murcia, España, 1996)

Graduado en lengua y literatura española por la universidad de Murcia y ha escrito en diversas revistas como Metábasis, La razón comunista o Teoría en pocos minutos.

Erika Yanet Solís Estrada (Jalisco, México, 1986)

Licenciada en Contaduría Pública con especialidad en Finanzas Empresariales. Estudiante de la Maestría en Educación, por la Universidad Interamericana para el Desarrollo.

Ha laborado como Auxiliar Contable, Capturista de Datos en INEGI, Oficial de Registro Civil, Suplente de Maestros a nivel básica (secundaria) y Comerciante.

En 2019 formó un grupo de niños con problemas de aprendizaje sin fines de lucro. Desde pequeña tiene gusto por la literatura, participó en concursos de lectura y conocimientos escolares.

Priscila Celeste Albino De Pascua (Ciudad Autónoma de Buenos Aires, Argentina, 2001)

En un principio estudió en el Instituto Hermanos Amezola de gestión privada con orientación en valores de la religión católica. Sin embargo, más tarde, se recibió de un colegio público y artístico con el título de intérprete en danza clásica y contemporánea. Como artista y estudiante universitaria de Ciencia Política en la Universidad Nacional de la Matanza se dedica a investigar sobre cultura y política. Es referente de la causa Provida en su país natal.

ppriscilaal
bino@outl
ook.com

Facebook:

Priscila

Albino

Instagram: @priscilaaalbino

Ivaán Brito (México, 1998)

Licenciado en Relaciones Internacionales por la Facultad de Ciencias Políticas de la Universidad Autónoma de Chihuahua.

Se ha desempeñado como editor de textos desde antes de graduarse de la facultad, editando una tesis doctoral sobre la Cultura Organizacional. Editor en los más diversos campos, que van desde la filosofía, semiótica, literatura, hasta las ciencias sociales y administrativas. Compiló, editó y adjuntó numerosos ensayos para la Universidad Autónoma de Chihuahua, ediciones que terminaron por ser incluidas en la conformación en dos libros de carácter académico.

Prologuista para textos como "La cientificidad del psicoanálisis" (Segura, Stchigel, 2020), "El pulsista" (Guillamón, 2021), o próximos textos como prologados como "Rosa y Azul" (Sainz, ----).   Además de críticas y ensayos, se han publicado en Teoría en pocos minutos cuentos como "Un pequeño gato tuerto" (2020) o "Carta al colega absurdo" (2020). Ensayos destacan, "Werther y la subjetividad: ensayo sobre la literatura y otras implicaciones estéticas" (2020) y "La poesía como esencia literaria y como expresión ética del espíritu" (2019).

britoediciones98@gmail.com

Pablo Wassiliu Hippe (Marcos Paz, provincia de Buenos Aires en la República Argentina, 1998)

Es estudiante de la licenciatura en ciencia política en la Universidad Nacional de La Matanza y ha disertado cursos sobre formas de gobierno, democracia, sistemas políticos y sistemas de partidos.

También es cinturón negro IV Dan de Taekwon-Do e instructor de este mismo arte marcial.

PwassiliuH@gmail.com

Instagram: @Pablo.wassiliu.hippe

Orifiel Sainz Cervantes (México, 1992)

Egresado de la carrera de Psicología en el Centro Universitario de la Ciénega por la Universidad de Guadalajara.

Es escritor, ensayista, tallerista, conferencista y creador de contenido.

Cuenta actualmente con cerca de doscientos cursos, constancias y certificaciones en distintas áreas, como formación humana, cívica y ética, salud, filosofía, política, etc. De manera autodidacta ha leído más de cuatrocientos libros de psicología, filosofía, política, psicoanálisis entre otros.

Gmail:

sainz.orifiel2

@gmail.com

Twitter: @FonsiBrad; https://twitter.com/FonsiBrad?s=09

Tel. 392 12 63 260

Pedro Guillamón Moreno (Murcia, España, 1996)

Es un autor español, graduado en Lengua y Literatura Españolas por la Universidad de Murcia. Ha colaborado con la revista Metábasis con la elaboración de trabajos sobre la figura de Pío Baroja y ha participado en el equipo de redacción de la sección de opinión de Teoría en Pocos minutos.

Actualmente estudia el Máster en Formación del Profesorado bajo la Universidad de San Antonio.

Además de su participación ensayística, su primera obra literaria El Pulsista, se publicó en enero de 2021 bajo el sello de Teoría en Pocos minutos. Su Trabajo de Final de Grado será próximamente publicado en Metábasis bajo el título de La influencia kafkiana en Hispanoamérica:

Una visión a través de Jorge Luis Borges.

stein6991@gmail.com

Jaime Andrés Sánchez Benavides (Colombia, 1999)

Profesional en Política y Relaciones Internacionales de la Universidad Sergio Arboleda sede Bogotá, cursó su énfasis en Relaciones Internacionales, y se desempeñó como investigador miembro del Semillero de Estudios de Seguridad y Prospectiva del Grupo de Análisis Político de la misma universidad. Tiene diversas publicaciones online, divididas en publicaciones para revistas indexadas, revistas de arte y espacios de difusión. Trabaja los temas que giran alrededor del análisis del discurso, el estudio del cine, la filosofía, la teología, la lingüística, la polemología y el psicoanálisis; destacando la publicación de los artículos "El sublime objeto de la censura" escrito para el tercer volumen de la revista Foro Cubano de Programa Cuba y "La securitización del cine en el siglo XX: interpretaciones sobre la cultura y el poder" en coautoría con el Ph.D. Cesar Niño, escrito para el quinceavo volumen de la revista Via Inveniendi Et Iudicandi.

jaimesanchez2499@gmail.com

Facebook: https://www.facebook.com/profile.php?id=100021723800409
Instagram: sanjaimeab

Rafael Julián Benítez González (La Habana, Cuba, 1993)

Graduado de Licenciatura en Física por la Universidad de La Habana. Ha ganado el premio Walter Greiner de STARS/SNFS en 2017 e hizo su tesis en Teoría Cuántica Relativista. Es austro libertario. Obtuvo el diploma de

Filosofía libertaria del Partido Libertario Cubano en 2018. Ha mantenido asimismo correspondencia con exponentes de la escuela austriaca como Jesús Huerta de Soto enviándole artículos no publicados. Estudia la Teoría de los 3 niveles del autor antes mencionado.

rafael.ben11693@gmail.com

Facebook: https://www.facebook.com/RafaelJBenGo

Andrea Cristina Prieto García (Murcia, España, 1996)

Estudios:

Lengua y Literatura españolas por la Universidad de Murcia Trabajo de investigación final de carrera: El perfil del inmigrante y refugiado en la enseñanza aprendizaje del español como lengua extranjera/L2 No tengo nada más certificado que pueda añadir, ni nada más que considere resaltable para este caso. Espero acumular experiencia a lo largo de estos años y escribir cada vez más.

acprietogarcia@gmail.com

Twitter: @an_driuu

PREFACIO I

¿Por qué *"Ensayos críticos sobre el progresismo "*y no en "contra"? Es una gran pregunta para iniciar, no pretendemos atacar, ofender, ni agredir; sino precisamente cuestionar algunas posturas y praxis del progresismo. Así, la principal problemática que identifico como diagnóstico, es la intolerancia de diversos militantes al dialogo y a la crítica de sus propios pensamientos.

La imagen de portada, puede significar varias cosas dependiendo el ángulo desde donde se observe, empero; el objetivo de la autora era representar una niña inocente, que puerilmente siembra flores, sin percatarse de que estas son carnívoras y están dañando a los demás. Ergo, tenemos la visión más reconfortante del progresismo, que realmente estas personas supongan hacer el bien-ético, pero con el medio equivocado –pues, su ideología- o en el peor de los casos tendremos la imagen siniestra de una alguien que finge ser una niña inocente para lucrar y obtener beneficios personales sin importar si su comportamiento es ético o moral.

Cabe entonces la pregunta ¿Alguien que ostenta hacer el bien común sería capaz de hacer dialéctica de sus propias acciones y pensamientos? Es posible, que, si te interesa llegar a un objetivo determinado, te cuestiones las formas y los derroteros que pudiesen ser utilizados; a menos de que justamente el dicho "medio" sean un fin en sí mismo, entonces habría que tener bastante cuidado.

Espero, realmente esta serie de ensayos puedan ponernos a pensar sobre las vicisitudes actuales que vivimos en sociedad, y que más allá toda identificación y polarización social, impere el respeto y la palabra como medio de intercambio con aquellos que no piensan como nosotros.

Disfruten ustedes este trabajo.

Alejandro Segura Chávez (México, Julio, 2021)

PREFACIO II

"Ensayos Críticos sobre el Progresismo", es mucho más que un compendio de ensayos; son testimonios de quienes atestiguan, con una exquisita precisión académica, como se fueron degenerando las sociedades en dónde las ideas postcontemporáneas del progresismo han avanzado a paso firme, arrasando consigo todo aquello que se les cruzaba. Encontrará el lector un gran sentimiento de identificación con las líneas ya que, no sólo son textos de índole académica, sino que, en el fondo, relatan realidades y experiencias que los autores han sufrido por las ideas aquí denostadas. Sí, dije sufrido. No porque fuera un mero error, sino por la estigmatización que han generado en nosotros, por "atrevernos" a reprochar dichas ideas.

Este libro, que hermana a autores de Argentina, México, España, Colombia y es posible gracias a la gestión y coordinación de un gran amigo, Alejandro Segura Chávez, quien siempre tiene su mente ocupada en buscar métodos para recuperar aquellas que el progresismo nos arrebató, busca ser una luz de esperanza para que todos aquellos que recorran sus párrafos, puedan identificarse tanto intelectual como emocionalmente y sepa que no está solo. Que siempre hay alguien al lado nuestro que cree y defiende lo mismo. Quizá sea esa persona que siempre está callada y de su batalla en silencio. Pero este libro, viene a motivarlos a buscar a esos guerreros y alzar su voz, para ser el grito de auxilio de nuestras sociedades y el estruendo de nuestra lucha.

De todo corazón, espero que el lector pueda apropiarse de las herramientas que este compendio les regala, y que estas sean su parte de sus instrumentos para dar esta batalla que recién empieza.

Por mi parte quiero dedicarle mis ensayos a quien siempre va a ser mi reina hermosa, Frida, que me aguantó largos momentos escuchando mis pensamientos para este proyecto. También a mis profesores de la universidad, a mi familia y a mis amigos que me han acompañado y me acompañan en este camino del conocimiento y la búsqueda de la verdad. A todos ellos, con mi más sincero aprecio.

¡QUE LO DISFRUTEN!

Pablo Wassiliu Hippe (Argentina, julio de 2021)

ÍNDICE

AGRADECIMIENTOS

Estoy profundamente agradecido con cada uno de los autores –qué para no discriminar ni positiva ni negativamente, a alguien, no escribiré todos los nombres- que se tomaron la tarea y la valentía de escribir ensayos sumamente significativos para abordar problemáticas que hoy por hoy están en boga.

Agradecer especialmente a Pablo Wassiliu Hippe, un joven con un gran talento y liderazgo; quien fuese pieza fundamental para la organización, revisión, logística en el trabajo ipso facto a la creación de este material. Es un joven con entusiasmo, tiene grandes habilidades retoricas, capacidad de incentivar la motivación por el trabajo en equipo, pronostico se convertirá en un futuro no muy lejano en uno de los líderes políticos más influyentes de su país.

También dar crédito y gratitud al emblemático trabajo de la Artista Iluminantria (le encuentran en Instagram como @Iluminantria), por su destacado ingenio y talento, al realizar la ilustración de la portada de este libro.

Alejandro Segura Chávez (México, Julio, 2021)

ENSAYOS INTRODUCTORIOS

ENSAYO I: EL PROGRESISMO, TEORÍA Y PRÁCTICA

Dr. Daniel Omar Stchigel

Argentina

El progresismo viene de la palabra "progreso". Se trata de un término emparentado con "evolución", aunque no significan lo mismo. La evolución es el desenvolvimiento de potencialidades que existen desde el principio, aunque Herbert Spencer, en el siglo XIX, le cambió el sentido, al considerarla un proceso natural por el cual la materia disipa movimiento y genera organización. Es un concepto que Darwin tomó como propio, aunque no le daba el mismo sentido.

Como sea, progreso no es evolución, porque la evolución se considera un proceso natural, mientras que el progreso es cultural. Hay quienes consideran que su uso moderno se inició con el *Bosquejo de un cuadro histórico de los progresos del espíritu humano* de Condorcet, un filósofo ilustrado francés (Conodrcet, 1980, p. 79 y ss). Sabemos que la ilustración hacía propia la consigna de atreverse a saber ("sapere aude", como dijera Kant) y tiene su manifestación más clara en la obra del liberal Locke y del anglófilo pensador francés Voltaire. El progresismo, como movimiento político, se origina en el liberalismo, y tiene como hija bastarda a la Revolución Francesa, modelo de todas las revoluciones socialistas que vinieron después. Podríamos decir que el socialismo es descendiente del liberalismo y del republicanismo, aunque haya planteado que el mismo impulso que llevó a consolidar el poder de la burguesía debía encargarse de sustituirlo por el poder del proletariado.

Si vamos al origen del modernismo liberal, debemos remontarnos a la *Nueva Atlántida*, una obra utópica de un inglés, el padre del empirismo, Francis Bacon (Bacon, F., 2017). Es decir, antes de que el progresismo se volviera francés, primero fue inglés. En esta obra, Bacon imagina una sociedad en la que la religión ha sido sustituida por la ciencia y la técnica, una sociedad manejada por sabios, organizada de un modo planificado, que goza de los frutos tecnológicos de una ciencia capaz, por ejemplo, de acumular la energía del Sol. Es curioso que para la misma época surge la mayor caricatura del progresismo, también de la mano de un inglés: Jonathan Swift, autor de *Los viajes de Gulliver* (Swift, J, 2014, p. 177 y ss). Esta novela satírica, entre los nuevos mundos descubiertos por un explorador, describe la ciudad de Laputa. En ella, los sabios sobrevuelan el territorio en una isla flotante guiada por un imán, y están tan hundidos en sus meditaciones que tienen sirvientes que les golpean las orejas con una vejiga atada a la punta de un palo para indicarles cuando deben escuchar, y en la boca cuando deben hablar. En esa región se hacen experimentos extraños, como intentar reconstruir alimentos a partir de las heces humanas, o almacenar energía solar en sandías. También hay un mecanismo de alambres con letras unidos a ruedas que permiten cambiar su posición en un tablero, y cada vez que las letras forman palabras o frases inteligibles unos escribas las anotan armando enciclopedias con todo el saber posible.

Bacon describía una utopía, un no lugar donde proyectaba su fantasía de un Estado mejor, dedicado al bienestar terrenal del hombre a través del uso del saber científico técnico, y es esta una de las definiciones de lo que la política llama "lo progre".

Pero si queremos buscar un antecedente más antiguo, debemos remontarnos al gnosticismo (Hutin, S., 1984). La secta gnóstica es representada en la Biblia en la versión del Simón el Mago. Este hombre quiso comprar a unos santos cristianos el poder de imponer el Espíritu Santo. Al no lograrlo, se las ingenió para convencer a Nerón de poder hacer los mismos milagros que hacían los sacerdotes cristianos, utilizando ingenios mecánicos, por ejemplo, para mostrar que podía volar. Es quizás la primera figura que parece dispuesta a aceptar cualquier saber capaz de otorgarle poder. Los gnósticos no tenían un pensamiento único, pero eran elitistas, creían que la salvación era fruto de un saber para pocos. Creían que el cuerpo era malo, que era una cárcel de un alma que no tenía género. Buscaban volver a la condición hermafrodita originaria en la que no había caída ni falta. Incluso en el Renacimiento un médico como Paracelso pensaba que el comer y el reproducirse era fruto de la caída, y que el hombre primitivo no necesitaba de ellos pues era eterno. De ahí la búsqueda de un elixir de la vida eterna. Todo esto parece renacer en las ideas de crear una nueva humanidad, que ya no es el hombre nuevo de Marx, liberado de la alienación, sino un hombre postorgánico (Sibilia, P., 1999), capaz de actuar sobre su naturaleza biológica gracias a la tecnología.

Lo cierto es que aquello que era visto por Bacon como un fin en sí mismo, el desarrollo de la ciencia y de la técnica, hoy es visto por los progresistas como un medio. Un medio de lo objetivo al servicio de una subjetividad que se convierte en el derecho fundamental, caracterizada por dos variables: el placer y la autopercepción.

El tema de la subjetividad parecía haber quedado eclipsado durante la modernidad. Sin embargo, fue el compañero necesario de la objetividad, desde que Descartes distinguiera entre la res cogitans, esto es, el alma, y la res extensa, el cuerpo. Dentro de la res cogitans ubicó todas las sensaciones, sentimientos y afectos, es decir, todo aquello sobre lo cual los progres actuales pretenden legislar, mientras que consideró que las leyes naturales sólo eran aplicables a la res extensa, entendida como materia en movimiento.

Si bien el materialismo descartó a la res cogitans como hipótesis innecesaria, a partir del progresismo positivista del siglo XIX (con su consigna "orden y progreso") y del progresismo comunista del mismo siglo (con su consigna materialista de "abolición de la propiedad privada y creación del hombre nuevo"), lo cierto es que un progre no se atrevería, hoy en día, a negarle el tener un alma a su mascota preferida, como sí lo hiciera Descartes, para quien los animales sólo eran máquinas complejas. Los progres tampoco aceptarían hoy en día que el progreso sea algo exclusivo de lo humano, como lo demuestran las tendencias ecologistas, que pretenden una economía, tecnológica, sí, pero sustentable, y que no dañe a la naturaleza. El progresismo es contrario al uso de esos combustibles fósiles que impulsaron, paradójicamente, el progreso, durante la primera y la segunda revolución industriales, y también contra la energía atómica de la revolución tecnológica de la posguerra, aunque ama los productos tecnológicos que permiten la entrada al reino de la virtualidad, que nos ha convertido en algo similar a los sabios de Laputa que olvidaban escuchar y hablar. De todos modos, su idea de naturaleza es puramente imaginaria: se trata de una Pachamama no violenta, maternal y feminista, más parecida a la descripción del paraíso anterior a la caída que aparece en el Génesis, que a ese prado aparentemente calmo que oculta una permanente y sangrienta lucha por la supervivencia, del que hablaba crudamente Darwin en *El origen de las especies*.

Así que la idea de los progres es utilizar los progresos de la ciencia y de la técnica al servicio de la subjetividad. Lo que diferencia a los liberprogres de los progres de izquierda es si entienden esa subjetividad como individual o como colectiva. Parece una gran diferencia o una pequeña diferencia, según con qué vara se la mida. Desde la perspectiva económica, establece la oposición entre quienes defienden la libre competencia económica, y los partidarios de un Estado presente, que hace justicia social a través de la redistribución de la riqueza. Mientras los liberprogres sostienen que es la creación de la carga impositiva del Estado lo que impide el libre disfrute que es una de las dos variables de la subjetividad como portadora de derechos, para la izquierda progresista es la desigualdad generada por la opresión de unos grupos sobre otros lo que hace que unos tengan más (cosas, derechos, privilegios) y que una verdadera justicia consiste en que le sea devuelto a un grupo lo que históricamente (míticamente) le fuera quitado por el otro. Para el progresismo de izquierda, al pertenecer a un grupo identitario el sujeto individual es un mero avatar del sujeto colectivo del cual es portavoz, pasando a compartir sus virtudes o sus miserias, un karma parecido al que caracterizaba la pertenencia a tal o cual casta de la India. La justicia consiste en compensar el daño invirtiendo la pirámide, poniendo al paria en la cima y haciendo de la élite la casta del desprecio.

Sin duda se trata de una importante diferencia, pero en el fondo se comparte en los dos casos un universal que es el de lo progre, que pone lo objetivo al servicio de la subjetividad, la cual, como dijimos, tiene dos ejes que se implican mutuamente, el eje hedonista (buscar el placer y huir del dolor), y el eje de la identidad (yo soy como me autopercibo, lo demás es contingente y puede modificarse utilizando como único criterio la voluntad o el deseo).

Para el progre, ser es ser deseado. El deseo de la madre, por ejemplo, hace que automáticamente un saco de células se convierta en un hijo posible, en un hijo sustentable. Ese es el fundamento metafísico último y absoluto de todo ser, que no necesita justificación. Quien aún no desea será por el deseo de otro. Y ese que desea a su vez tendrá sentido deseándose a sí mismo. Todo ser posible es por el deseo de un ser existente. Y este es por el deseo que tiene de ser. Es decir, se desea a sí mismo, y lo que desea es lo que le da su identidad. Como *El único y su propiedad*, del anarquista Stirner (Stirner, M., 2004), el progresista se da el ser a sí mismo. Ese ser es subjetivo, es decir, es puro espíritu, y su cuerpo es una contingencia. Pero según cómo se la tome, de acuerdo con ciertos rasgos, ese cuerpo puede ser tema de orgullo o de rechazo. Hay para los progresistas tres ejes identitarios, que pueden ser materia de aceptación o rechazo, y si es rechazado debe ser adecuado para que su apariencia objetiva se acomode a su esencia subjetiva (después de todo es un avatar más o menos contingente, siguiendo la idea gnóstica de un origen en un pléroma o plenitud espiritual sin falta y sin mancha):

1)   El género: es la suma de dos cuestiones no correlativas, que son, con qué sexo me identifico, y qué sexo me produce deseo. Cuando hablamos de sexo no hablamos del sexo biológico, sino del sexo híbrido entre lo espiritual y lo corporal. Por ejemplo, una persona puede identificarse como mujer, como mujer en el cuerpo de un hombre, como hombre, o como hombre en el cuerpo de una mujer. Puede aceptarse como híbrido entre hombre y mujer, o modificar su sexo corporal para adecuarlo a su sexo espiritual. Pero nunca, nunca, puede hacer una terapia que modifique su autopercepción, esto es, la sexualidad con la cual se identifica, que es predominantemente subjetiva. La sexualidad subjetiva o espiritual es la que domina, aunque sea reflejo de una sexualidad corporal real o posible, y en la posición queer simplemente no hay sexualidad, se es esencialmente asexual.

2)   La raza: la raza superior es la negra, la india, la indígena. Los blancos son seres inferiores. Sin embargo, pueden ser tolerados si rinden pleitesía a las otras razas y se disculpan por pertenecer al grupo identitario que los mancha con los crímenes de sus ancestros. Con respecto a los orientales no hay una posición definida.

3)   La cultura: la cultura y religión superior es la musulmana. Los cristianos y los judíos pueden ser tolerados si rinden pleitesía y se disculpan por los crímenes que su cultura cometió contra los musulmanes. No hay una posición tomada con respecto a otras religiones y culturas.

La teoría de la izquierda progresista indica que el pecado original de la humanidad fue la creación del sistema de dominación heteropatriarcal de raza blanca y capitalista. Incluso propone reescribir la historia para mostrar que ya en la antigüedad existía el capitalismo, lo cual es ridiculizado por los liberprogres, para quienes el enemigo no tiene raza, ni cultura, ni identidad definida, y es simplemente cualquiera que se oponga a que otro viva del modo en que lo desee y disfrute de su propiedad. Es decir, no son iguales en cuanto a la importancia que le dan al origen del mal y los detalles identitarios de ese mito fundador. Claramente, los progresistas de izquierda consideran necesario hacer un relato de cómo apareció el mal en el mundo, pues sólo de ese modo es posible saber cómo hacerlo desaparecer. La suya es una idea de caída y redención de la humanidad, mientras que los liberprogres entienden que no hay una caída, sino un estado inicial de desamparo e ignorancia que progresivamente se ha ido superando con el desarrollo de la ciencia y de la técnica, a la cual no deben interponerse escrúpulos morales o religiosos. Siendo tecnocrático, el liberprogre considera que los problemas de la técnica se superan con más técnica, y tiende a seguir las ideas del creador del positivismo, Augusto Comte, al pensar que la humanidad pasa por tres etapas: teológica, metafísica y positiva. Es iluminista y tiende a considerar que el hombre es un cerebro que piensa, aunque posee, además, derechos que deben defenderse. Ante todo, el derecho al conocimiento como una manera de eliminar las supersticiones, entre las que incluye todo lo que sea religioso.

Esto en cuanto a las teorías. En la práctica, de parte del progresismo de izquierda hay una defensa de la idea de Foucault de que el capitalismo es insuperable, y que la única manera de ganar la lucha contra la opresión y la desigualdad es ganar poder. Eso se logra de distintas maneras:

1) Apelando a la ética, mostrando la bondad de la causa que se defiende, presentándola, sea como algo que redundará en una mejora de la vida de todos, sea como una causa justa para la defensa de personas indefensas y vulnerables.

2) Presionando a los partidos políticos para que utilicen sus consignas como medio para ganar adherentes, haciendo de sus reclamos un elemento transversal a varios partidos políticos tradicionales.

3) Si nada funciona, utilizando cualquier acto de violencia publicitado en los medios y dirigido contra un miembro de su grupo, para ejercer actos de vandalismo y ganar las calles, generando temor de algunos y adhesión de otros, bajo la consigna de destruir el orden vigente para generar otro nuevo y mejor mediante una pantomima de revolución que obligue a un cambio de agenda en las instituciones encargadas de sancionar o aplicar determinadas leyes, llegando incluso a la propuesta de una reforma de la propia constitución de un Estado.

En el caso de los libreprogres, en cambio, hay una apelación a la moral, al progreso y a la búsqueda de soluciones por vía institucional, de un modo no radicalizado, y que no ponga en peligro la propiedad privada.

Con esto hemos mostrado un panorama general del origen y el estado actual de la cuestión del progresismo, como una primera aproximación que no pretende ser exhaustiva, y que los demás artículos del trabajo ayudarán a aclarar, profundizar, y, de ser necesario, a corregir.

BIBLIOGRAFÍA

Bacon F. (2017). *La nueva Atlántida*. México: Fondo De Cultura Económica.
Condorcet, E. B. (1980). *Bosquejo de un cuadro histórico de los progresos del espíritu humano*. Madrid: Editora Nacional.
Hutin, S. (1984). *Los gnósticos*. Buenos Aires: EUDEBA.
Sibilia, P. (1999). *El hombre postorgánico*. México: Fondo de Cultura Económica.
Stirner, M. (2004). *El único y su propiedad*. Buenos Aires: Utopía Libertaria.
Swift, J. (2014). *Los viajes de Gulliver*. México: Editorial Sexto Piso.

ENSAYO II: SOBRE LA IDEA DE PROGRESO Y EL PROGRESISMO

Por el Dr. José Manuel Rodríguez Pardo

España

RESUMEN: El progresismo se ha convertido en una de las ideas fuerza de la cúpula ideológica de nuestras sociedades democráticas del presente, consideradas la culminación de la Historia de la Humanidad, el Fin de la Historia según Fukuyama. Sin embargo, la Idea de Progreso que favoreció la ideología progresista, no indicaba de inicio que tuviera que seguir ese camino, puesto que carece de sentido hablar de un progreso universal del Género Humano. En este artículo vamos a analizar los orígenes de la Idea de Progreso y las sorprendentes fuentes del progresismo actual.

PALABRAS CLAVE: Progreso, progresismo, Gustavo Bueno, democracia, *Scala Naturae*

ABSTRACT: Progressivism has become one of the main ideas of the ideological leadership of our democratic societies today, as a result of the culmination of the History of Humanity, the End of History according to Fukuyama. However, the Idea of Progress that favored the progressive ideology did not initially indicate that it had to be that way, since it makes no sense to speak of a universal progress of the Human Gender. In this article we are going to analyze the origins of the Idea of Progress and the surprising sources of current progressivism.

KEYWORDS: Progress, progressivism, Gustavo Bueno, democracy, *Scala Naturae*

ÍNDICE

1. Origen etimológico de la Idea de Progreso.

Estamos habituados a escuchar en nuestros días que las democracias modernas son el culmen del progreso, el verdadero Fin de la Historia, y que simplemente habrá que corregir ciertos déficits suyos (falta de representatividad, asimetrías y desigualdades sociales, etc.), para alcanzar una situación ideal y perfecta. Esta ideología, que está relacionada con el fundamentalismo democrático que considera la forma de gobierno democrática como el culmen del Género Humano y, literalmente, la fuente de todos los valores («El fundamentalismo democrático supone que la sociedad política democrática es el sistema de organización de la sociedad política más perfecto e irreversible. Por ello precisamente la democracia ha podido ser considerada como el estadio final de la organización política de la humanidad, como el fin de la historia política») (Bueno, G., 2010, 159), está ligada a otra idea fuerza sumamente poderosa y más antigua si cabe: la Idea de Progreso, y con ella la ideología del progresismo o progreso indefinido de la Humanidad hacia un mundo ideal, ajeno a los conflictos y contradicciones de la política; literalmente, como afirmó el Conde de Saint Simon a comienzos del siglo XIX, «la administración de las cosas en lugar de la de las personas» (Saint Simon, 1985, 54).

Comenzaremos este breve ensayo analizando el origen etimológico de tal Idea de Progreso, el contexto en el que se desarrolló y cómo a partir de ahí los nuevos contextos en los que se utilizó la Idea de Progreso permitieron la formación de una ideología, el progresismo, que parece muy bien asentada en la cúpula ideológica de las sociedades democráticas de nuestro presente.

Si atendemos al origen etimológico del término Progreso, podemos ver que los términos latinos *gradior* o *gressus sum*, cuyo significado es «marchar, caminar, andar», están incluidos en su conjunto semántico. Así, *progredior* o *progressus sum proceden* de *pro-gradior* y quieren decir avanzar, *ir más lejos, llegar*; en definitiva: *progresar*.

No obstante, en el mundo clásico la Idea de Progreso era algo en la práctica inexistente. La realidad era algo inmodificable por el ser humano, que a lo sumo podía imitar unos arquetipos o formas ya predefinidas que eran eternas; el mundo era eterno, y el ser humano carecía de ningún privilegio especial. Si acaso, como decía Aristóteles, el imitar esas formas previas mejor que los demás vivientes era algo distintivo del ser humano: «El imitar, en efecto, es connatural al hombre desde la niñez, y se diferencia de los demás animales en que es muy inclinado a la imitación y por la imitación adquiere sus primeros conocimientos, [...]» (Aristóteles, 1974, 135-6).

Polibio, el historiador griego que en el siglo II a.c. dio cuenta de la sociedad política de referencia en el mundo antiguo, el Imperio Romano, hablaba de ciclos en la Historia, no de una línea progresiva, en consonancia con la propia Idea de Naturaleza de la antigüedad, donde cada ser es perfecto en sí mismo, y todo se rige por un ciclo incesante relacionado con la trayectoria de la vida: «describir lo que ya se sabe no ofrece dificultades, y predecir el futuro no es nada intrincado si nos guiamos por lo que ya ha sucedido» (Polibio, 2000,150-1), esto es, la denominada como *anaciclosis*: «Es natural que al principio también las vidas de los hombres discurran así, en manadas, como los animales: se sigue a los más fuertes y vigorosos. Su límite en el gobierno es su fuerza; a eso podemos llamarlo «monarquía» (Polibio, 2000, 155); de la monarquía se pasa a la tiranía, aristocracia, oligarquía, democracia, hasta que la democracia se disuelve por el predominio de un tirano y vuelve la monarquía: «La masa se agrupa en torno de aquel hombre y promueve degollinas y huidas. Redistribuye las tierras y, en su ferocidad, vuelve a caer en un régimen monárquico y tiránico» (Polibio, 2000, 160).

Ni siquiera con el cristianismo y su revolución ontológica, que consideró el mundo como creación de Dios, la Idea de Progreso comienza a aparecer en el sentido moderno, pues desde el punto de vista cristiano la naturaleza es algo incompleto, pecaminoso, resultado de un esquema teológico catastrófico y degeneracionista, desde la caída de Adán y Eva: «La tesis de la modernidad de la idea de progreso universal podría corroborarse atendiendo a la circunstancia de que la visión cristiana del mundo que dominó a lo largo de los siglos en los que se moldearon nuestras tradiciones científicas, contenía elementos incompatibles con el esquema progresista, bien fuera por su oscilación hacia los esquemas catastrófico-degeneracionistas (la caída de los ángeles y la caída de los primeros padres), bien fuera porque el clímax o pico más alto de su curva de progreso ya se habría dado dos milenios atrás, en el momento de cumplirse la unión hipostática de la Segunda Persona de la Trinidad y el hijo de María» (Bueno, G., 1998, 52).

No obstante, no será hasta el siglo XVI, concretamente en la España imperial, en la época de los descubrimientos, cuando los conquistadores, que estaban familiarizados con los autores romanos, tomaron conciencia de que sus hazañas estaban superando objetivamente a las hazañas de los romanos: tanto Bernal Díaz del Castillo como Hernán Cortés estimaban que el imperio que era conquistado para su señor es más grande que todos los Imperios de la antigüedad clásica juntos (Bueno, G., 2008). Y estas confrontaciones son las que habrían dado a luz la Idea moderna de Progreso, en virtud de la cual los modernos no tienen por qué concebirse, al contrario de los romanos o los griegos, como una repetición de una situación que ya hubiera tenido lugar anteriormente, en una suerte de «eterno retorno».

Aparte de este contexto histórico, la Idea de Progreso bebe también de las fuentes de unas determinadas experiencias técnicas históricamente dadas: por ejemplo, las experiencias operatorias con escaleras de gradas. Las Ideas de «Escala de la Naturaleza» o *Scala Naturae* y de Progreso tendrían su fuente en las experiencias técnicas con escaleras: «El significado gnoseológico de la utilización del esquema de la *escala* lo ponemos en el hecho de que ella equivale a un principio de clasificación, en rangos discretos, de un conjunto dado de fenómenos ordenables por relaciones asimétricas y transitivas (de donde la analogía entre las *escalas* y las *jerarquías*). Tal es el caso de las escalas musicales, de las escalas de dureza de minerales, de las escalas de ordenación periódica ele los elementos químicos (una «escalera de caracol») o de las escalas administrativas («escalafones»), que son instrumentos de clasificación y orden.» (Bueno, G., 1998, 50-1).

Asimismo, la Idea de Progreso es una Idea de diferente tránsito a la de Evolución que, al contrario, procede de experiencias técnicas propias de sociedades con escritura, relativamente recientes, y que ya han fabricado libros en formato de rollos: la «evolución» significa desenvolver un volumen de papiros o soportes de información escrita, preformada y susceptible de ser copiada en otros soportes con formato de códice.

En el siglo XVIII, el término evolución es una metáfora del despliegue del papiro, que comienza a aplicarse al «des-arrollo» («desarrollo», «desenrollo») del organismo individual. Más tarde, el término será utilizado para designar el proceso de transformación de unos organismos en otros. Una transformación cuyo equivalente nos llevaría a la situación de una biblioteca en la cual, los rollos de papiro procediesen de otros rollos originarios y los códices resultasen de una transformación inducida por los textos en ellos grabados, que se designará precisamente con el término «evolución» (Bueno, G., 1998, 50-1).

2. El progresismo. Orígenes y derivaciones.

Desde esta perspectiva histórica, el final del Antiguo Régimen, la Revolución Francesa, ligado todo ello a la ideología de la denominada «Ilustración», se convertirá la Idea de Progreso, hasta entonces situada en unos quicios y contextos muy concretos, en prácticamente el motor de cualquier desarrollo, especialmente el desarrollo social, que sería considerado en el siglo XIX, con el auge de la teoría de la evolución de Darwin, como culminación del desarrollo evolutivo de las especies.

Por ejemplo, el Conde de Saint Simon (1760-1825) señaló que el auge de la naciente sociedad industrial, tras la Revolución Francesa y el fin del Antiguo Régimen, acabaría implantando una administración sobre las cosas y no sobre las personas: «Los militares y los legistas deben acabar por estar a las órdenes de los hombres más capacitados para la administración; porque una sociedad ilustrada no necesita ser administrada; porque en una sociedad ilustrada la fuerza de las, leyes y la de los militares para hacer obedecer la ley no deben ser empleadas más que contra aquellos que pretendiesen trastornar la administración» (Saint Simon, 1985, 54). Su secretario, Augusto Comte, postuló como principios de una nueva disciplina, la Sociología o Física, social, el verdadero culmen de la nueva sociedad industrial, el orden y el progreso; Herbert Spencer, por su parte, afirmó que la Filosofía tiene por misión el conocimiento de la evolución universal en todos los aspectos de la realidad dada: la evolución es la ley universal que rige todos los fenómenos, sin punto final alguno. Todo el Universo se encuentra sometido a un perpetuo cambio. El darwinismo social de Herbert Spencer consideraba válida la eugenesia, o técnica de reproducción de los seres vivientes conducente a mejorar la especie, con lo que la ley del progreso en la naturaleza también se cumpliría en la sociedad humana: en ella se situarían en la cúspide los supervivientes de entre los más aptos, algo que tuvo especial éxito no solo en la Inglaterra decimonónica, sino en los nacientes Estados Unidos del Norte de América, que tan decisivos resultarán para el desarrollo de la ideología progresista, como podremos ver. Así, George Hearst, uno de los miembros del famoso Club de los Millonarios que incluía a magnates como Rockefeller, afirmó en una ocasión: «No sé mucho de libros, ni he leído mucho; pero he viajado por todo el mundo, y he observado atentamente a los hombres y las cosas. Pues bien, apoyado en toda esta experiencia he llegado a la conclusión de que los miembros de este Senado no son sino los supervivientes de entre los más aptos» (Hofstadter, R., 1965, 209).

En resumen:

La ideología progresista es una concepción metafísica del mundo (construida sobre una escala de grados, o escalera) que considera sus diferentes contenidos, no ya como una masa caótica o desordenada, sino como un cosmos en el que los seres (átomos, moléculas, organismos, vegetales, animales, hombres primitivos, hombres civilizados, ciudadanos del futuro) están ordenados según una escala jerárquica de grados de perfección y de valor creciente (Bueno, G., 2004, 58-9)

Sin embargo, en la actual política democrática, la Idea de Progreso se identifica, desde la Revolución Francesa, con las izquierdas, con la transformación, siendo los defensores del Antiguo Régimen la derecha y la reacción. De tal modo que los términos *progresista* y *progresismo* se oponen a *conservador* y *conservadurismo*. Ideas sumamente confusas y oscuras. El lema que figura en la bandera de Brasil, «Orden y Progreso», extraído literalmente del ideario de Augusto Comte, representa en la práctica un completo vaciamiento de la Idea de Progreso (procedimiento que también el marxismo más vulgar realizó, con sus famosas consignas del final del capitalismo y el advenimiento del comunismo final, así como su versión socialdemócrata), que vamos a desentrañar al final de este ensayo.

Acudiendo a contextos científicos, ya no biológicos sino cosmológicos, podemos encontrar también la Idea de Progreso. Hablamos en este caso del denominado como «Principio Antrópico», que en sus variedades fuerte y débil viene a concluir que el Universo tiene, desde el Big Bang, un propósito, que es confluir en el ser humano como especie capaz de dar cuenta del «secreto del universo» Según Frank Tipler, uno de los acuñadores del Principio Antrópico, las especies inteligentes dará como resultado el crecimiento exponencial del progreso científico, posibilitando así que la única especie inteligente, el ser humano, dispondrá de un control absoluto sobre el universo. El principio antrópico se ha convertido en una hipótesis cosmológica tan fértil, que se ha vuelto un principio cuasi interdisciplinar. Así, no es extraño que hasta biólogos como Richard Dawkins tengan que referirse a él para negarlo, equiparando el

Principio Antrópico de forma nada casual al problema de la existencia de Dios: Se trata de la idea antrópica según la cual las mismísimas leyes de la física, o las constantes fundamentales del universo, son un artificio cuidadosamente orquestado al objeto de propiciar la aparición de la especie humana. Esta teoría antrópica no se basa necesariamente en la vanidad ni tiene por qué significar que el universo se creó ex *profeso para* que existiésemos; tan sólo significa que estamos aquí y que no podríamos estar en un universo que no tuviese la capacidad de crearnos. Como señalan los físicos, no es casualidad que veamos estrellas en el firmamento por cuanto las estrellas son elemento imprescindible de todo universo capaz de generarnos. Esto, repito, no significa que las estrellas existan para producirnos a nosotros sino, simplemente, que sin ellas no habría átomos más pesados que el litio en la tabla periódica, y una química con sólo tres elementos sería demasiado pobre para sustentar la vida. La visión es un tipo de actividad sólo puede darse en un universo en el que lo visto sean las estrellas. [...] Aun admitiendo el hecho insignificante de que nuestra presencia comporte leyes y constantes físicas capaces de producirnos, la existencia de tan poderosas reglas se antoja sumamente improbable. Basándose en sus suposiciones, los físicos podrían calcular que el número de todos los universos posibles es vastamente superior que el de aquellos universos cuyas leyes y constantes permiten que la física se convierta, gracias a las estrellas, en química y, gracias a los planetas, en biología. Para algunos, la alta improbabilidad del fenómeno sólo significa una cosa: que las leyes y constantes tuvieron que concebirse con premeditación desde un principio (aunque no me entra en la cabeza que eso pueda llamarse explicación, toda vez que el problema se torna instantáneamente en uno aún mayor: el de explicar la existencia de un premeditador igual de sutil e improbable). (Dawkins, R, 2008, 22-3)

3. El progresismo norteamericano.

Una de las derivaciones de la Idea de Progreso, que consideramos fundamental a la hora de interpretar lo que es el progresismo contemporáneo, es sin duda la contribución que proviene de los Estados Unidos del Norte de América, cuyos orígenes resultan sorprendentes, teniendo en cuenta la comparación con su ramificación europea. Según el historiador Paul Johnson: «Se ha dicho que el progresismo fue la reacción hostil de la clase media educada ante el poder abrumador de las grandes empresas, la riqueza, dimensión y tretas de las cuales los dejaban completamente fuera de la escena política y económica, o eso temían. Desde los días de los Padres Fundadores la élite educada había guiado, si no gobernado, Estados Unidos, y sentía que su influencia estaba siendo minada por la impresionante cantidad de dinero que se acumulaba en las entrañas del gran barco del Estado norteamericano. Algunos de los reformadores, como *Gold Rule* Jones, Charles Evans Hughes y Tom Johnson, eran *self-made men*. Otros tenían nombres distinguidos como Du Pont, Morgenthau, Pinchot, Perkins, Dodge, McCormick, Spreckels y Patterson. Estos descendientes de familias adineradas hicieron que algunos críticos calificaran el progresismo de "movimiento reformista de millonarios". Pero un cuidadoso análisis descriptivo demuestra que la mayoría de los miembros de este movimiento eran sin duda de clase media, graduados universitarios de vieja estirpe británica. Las décadas de 1880 y 1890 habían sido conservadoras, y los dirigentes republicanos y demócratas reflejaban esta tendencia. Hacia 1900, sin embargo, habían surgido nuevas corrientes políticas que constituyeron una izquierda educada de base más amplia: el socialismo que reclamaba servicios públicos (o municipal), que tenía adeptos en todo el mundo; el movimiento de oposición a los trusts, el conservacionismo (antiexpansión urbana y pronaturaleza); el fanatismo por la salud; la noción de que las élites educadas y decididas eran "guardianas" del pueblo, compartida por una amplia gama de elitistas, desde Walter Lippmann (1889-1974) hasta Vladimir Ilich Lenin, pasando por Benito Mussolini, y la bohemia literaria y artística.» (Johnson, P., 2001, 558).

Sin embargo, donde verdaderamente cristalizará el ideal del progresismo norteamericano, fuente de los progresismos de todo el mundo, es en la fuente que señalan el cineasta Oliver Stone y el historiador Peter Kuznick en un libro del año 2015, acerca de la que denominan como «historia oculta de los Estados Unidos». En su peculiar obra, que inspiró el guion de un documental obra del genio cinematográfico de Stone, comienzan invocando la afirmación del magnate Henry Luce (1898-1967), en 1941, en la que señalaba que el siglo XX sería «el siglo americano», en contraposición al «siglo del hombre corriente» que auguró el futurible Vicepresidente de Harry Truman, el demócrata Henry Wallace, quien «deseaba un mundo de abundancia basado en la ciencia y la tecnología, un mundo sin colonialismo ni explotación, un planeta pacífico donde reinase una prosperidad compartida» (Stone, O., & Kuznick, P., 2015, 13). Wallace, verdadero precedente de lo que es el progresismo norteamericano (y en el fondo del progresismo europeo, la ingenuidad de un mundo sin guerras y dominado por el bienestar que nos proporciona la tecnología), en realidad oculta una suerte de ideario de la «paz evangélica» inspirada en los ideales de la Ciudad de Dios de San Agustín; ideario eso sí pasado por el filtro del dogma episcopaliano que propugnaba y seguía con verdadero y fanático fervor el propio Wallace.

No obstante, Wallace no fue escuchado: «da posguerra fue más fiel al presagio de Luce que al de Wallace. En 1997 una nueva generación de defensores de la supremacía global —entre quienes se encontraba el "grupo de expertos" neoconservador que asesoró al lamentable George W. Bush— clamaba por un "nuevo siglo americano", una idea que fue ganando adeptos en los primeros años del siglo XXI, es decir, antes de que llegaran a saberse las verdaderas y desastrosas consecuencias de las últimas guerras emprendidas por Washington» (Stone, O., & Kuznick, P., 2015, 13).

Esta afirmación que da inicio a un libro dedicado a las presuntas «oportunidades perdidas» por los Estados Unidos en el siglo XX, producto de desechar el progresismo de Henry Wallace, siempre según el leal saber y entender de Stone y Kuznick, se enmarca dentro de un hito decisivo para determinar que el siglo XX sería «el siglo americano»: el trasfondo del lanzamiento de las bombas atómicas sobre las ciudades niponas de Hiroshima y Nagasaki, que pondrían final a la Segunda Guerra Mundial en 1945.

En el contexto de este conflicto, que cambiaría la faz del planeta, el ya citado magnate de la edición Henry Luce anticipó lo que denominó como «siglo americano» ya incluso antes del ataque japonés, a comienzos de 1941, publicando un editorial en la revista *Life* más tarde reproducido en *Time* y *Fortune*. «Debemos aceptar con todas las con secuencias nuestro deber y oportunidad como nación más vital y poderosa del mundo y, por consiguiente, ejercer sobre ese mundo todo el poder de nuestra influencia en pos del mejor propósito y con los medios que entendamos más adecuados», lo que opondrán al ideario de Henry Wallace, más afín a la idea del «hombre corriente» (Stone, O., & Kuznick, P., 2015, 178).

Y es que, tres años después de entrar en guerra los Estados Unidos contra las potencias del Eje, «los norteamericanos tendrían que elegir entre dos visiones diametralmente opuestas: la del siglo americano de Henry Luce y la del hombre corriente de Henry A. Wallace» (Stone, O., & Kuznick, P., 2015, 178-9). Y en esta encrucijada, verdadero punto de inflexión del relato y la historia norteamericana reciente, fallece el presidente Franklin Delano Roosevelt, el único presidente norteamericano que enlazó tres mandatos antes de que la correspondiente enmienda constitucional lo impidiese, y le sucede un inexperto Harry Truman, quien hubo de lidiar con una posición en desventaja de EEUU frente a británicos y soviéticos, que venía de la Conferencia de Teherán de 1943; posición que supo rectificar gracias al secretísimo Proyecto Manhattan para la fabricación de la bomba atómica (Stone, O., & Kuznick, P., 2015, 234).

Así, Stone y Kuznick, en lugar de valorar la habilidad de Truman, lamentan que su protegido, el progresista Henry Wallace, quedara postergado, en un lamentable *what if*: «Quien más hizo por detener dicha confrontación, Henry Wallace, llevaba largo tiempo perdido para la historia. Pocos recuerdan que faltó poco para que se convirtiera en candidato a la vicepresidencia aquella calurosa noche de julio de 1944 en Chicago». El fin de este episodio en el que Wallace pudo ser y no fue es el momento cumbre del «siglo americano»: «¿Qué habría sido de Estados Unidos si el envés de Truman hubiera heredado la presidencia de Roosevelt en abril de 1945? ¿Se habrían usado bombas atómicas en la Segunda Guerra Mundial? ¿Se podrían haber evitado la carrera nuclear y la Guerra Fría? ¿Se habrían impuesto los derechos civiles y los derechos de la mujer ya inmediatamente después de la guerra? ¿Habría terminado el colonialismo varias décadas antes? ¿Se habrían difundido los frutos de la ciencia y la tecnología más equitativamente en todo el mundo? Nunca lo sabremos» (Stone, O., & Kuznick, P., 2015, 285).

Y es que, si para los antiglobalizadores el aleteo de una mariposa puede cambiar la actividad de todo el mundo global, el «no nombramiento» de Henry Wallace como presidente norteamericano condicionó absolutamente todos los aspectos del mundo postbélico. Algo que debería servir para que los autores, en lugar de formular hipótesis de lo que pudo ser y no fue, se cuestionasen si realmente Wallace fue tan importante en el transcurrir de la Historia. ¿Es que acaso la bomba atómica que se lanzó sobre Hiroshima y Nagasaki no supone una refutación sonora sobre la idea progresista de los autores? El desarrollo tecnológico no implica necesariamente un mayor progreso, sino que perfectamente puede significar el fin de todo progreso: la aniquilación de la Humanidad entera con un instrumento tan sofisticado como el proyectil atómico. Pero tanto Stone como Kuznick han decidido culpar de la Guerra Fría al Estados Unidos de Henry Luce frente al de Wallace, y así lo manifiestan: «En principio, la Guerra Fría estalló por el choque entre dos concepciones diametralmente opuestas del papel de Estados Unidos en el mundo: la perspectiva hegemónica de Henry Luce, que imaginaba el siglo XX como "el siglo americano"; y la visión utópica de Henry Wallace, que soñaba con el que el XX fuera "el siglo del hombre corriente". Era mucho lo que había en juego» (Stone, O., & Kuznick, P., 2015, 287).

Dentro de la sucesión de *cold warriors*, los autores destacan a John Fitzgerald Kennedy, que comenzó su mandato continuando la política imperial de Eisenhower, pero luego rectificó ante fracasos como el de Bahía de los Cochinos y la crisis de los misiles en Cuba, donde la confrontación nuclear era inminente, hasta que los soviéticos unilateralmente retiraron sus bases de Cuba. JFK estaba a punto de lograr la paz, a punto de firmar «otro tratado de control de armas y luego convertirse en el primer presidente norteamericano en visitar la Unión Soviética [...]. Kennedy llegó incluso a anunciar que estaba dispuesto a cancelar la carrera espacial con la Unión Soviética para sustituir competición por cooperación» (Stone, O., & Kuznick, P., 2015, 478); incluso poco antes de morir mantuvo contactos con Fidel Castro, quien parecía receptivo para retomar relaciones al no fiarse en exceso de una URSS que había fallado en el momento de la verdad, de la confrontación. Pero nada de ello tuvo lugar: el antiguo cold warrior fue asesinado. «El 22 de noviembre de 1963, antes de que el joven presidente tuviera oportunidad de hacer realidad los sueños de reforma del mundo que Kruschev y él habían compartido, las balas de uno o más asesinos le mataron en las calles de Dallas» (Stone, O., & Kuznick, P., 2015, 483). Y es que «Kennedy tenía muchos enemigos que deploraban el cambio y el progreso tanto como quienes impidieron el ascenso de Henry Wallace en 1944 en un momento en que intentaba liderar a Estados Unidos y al mundo por un sendero de paz y prosperidad» (Stone, O., & Kuznick, P., 2015, 483). Así, lamentablemente, la «antorcha que estaba en manos de una nueva generación», como señaló Kennedy en su discurso de investidura, a su muerte «volvió a manos de la vieja generación: la de Johnson, Nixon, Ford y Reagan, dirigentes que, aunque no mucho mayores que Kennedy, destruirían sistemáticamente sus prometedores años de gobierno y devolverían a Estados Unidos a la guerra y la represión» (Stone, O., & Kuznick, P., 2015, 484). Nixon, Reagan, Bush Sr. y Bush Jr., e incluso en ocasiones Obama, serían repudiados por ambos autores al no mantener unos ideales «progresistas».

Tanto Stone como Kutnick concluyen, tras su revisión de la Historia norteamericana en este último siglo, que conservan la esperanza en el triunfo de una verdadera democracia, una democracia que destierre la represión y la violencia fuera de sus fronteras que ya señalaron al iniciar el libro, diciendo que apostaban porque su trabajo les fuera útil a quienes luchan «por un planeta más justo, humano, democrático y equitativo» (Stone, O., & Kuznick, P., 2015, 11). Una democracia, en suma, completamente ajena a las intervenciones en la política de otros países, y muy amiga de la paz y el diálogo, donde los ciudadanos norteamericanos «exijan la creación de un mundo que represente los intereses de la abrumadora mayoría y no de los más ricos y codiciosos, de los más poderosos. En la consolidación de ese movimiento se cifra también la única esperanza de salvar la democracia norteamericana de las garras de un estado dominado y sofocado por el imperativo de la seguridad nacional» (Stone, O., & Kuznick, P., 2015, 885).

Pese a que el sueño de Saint Simon de una administración sobre las cosas y no sobre las personas parece relucir en estas afirmaciones del libro que acabamos de citar a continuación, una serie de consecuencias inquietantes se encuentran en sus líneas. De entrada, administrar las cosas y no las personas implica convertir a las personas en cosas: «Una sociedad de ciudadanos clónicos que prefirieran los mismos bienes, dejaría de ser un mercado y la distribución podría llevarse a cabo de un modo tan automático como el riego gota a gota a cada planta de un cultivo hidropónico» (Bueno, G., 2008).

Así, artefactos tecnológicos como los *social media*, donde se utilizan algoritmos para censurar determinado lenguaje que se considera que «incita al odio», fomentan una brutal estandarización individual, donde se prohíbe cualquier tipo de debate con el recurso a la censura, con el consiguiente empobrecimiento de la vida social, aparte de favorecer este y otros miedos el adocenamiento de las masas democráticas, cuya ficción de haber alcanzado la igualdad plena (o peor aún, estar en camino de ella), lo que hace en realidad es someterlas a la miseria intelectual, moral y social. La esencia de la democracia no puede ser la igualdad, sencillamente porque la igualdad no pasa de ser algo formal; la desigualdad relativa de rentas, intereses y medios es consustancial a la democracia:

«Las desigualdades de los ciudadanos y de su estratificación social es la ley del desarrollo de la democracia de la libertad, sin perjuicio obviamente de que en el Estado de bienestar y gracias al progreso industrial, el nivel de vida de los estratos inferiores de la sociedad sea mucho más elevado del que correspondía a los estratos más bajos de las épocas anteriores (democráticas o no democráticas). En vano se esforzarán los fundamentalistas democráticos que ocupan el gobierno en encarecer su política de igualdad, aduciendo por ejemplo la extensión de la seguridad social, de nuevos hospitales, de transportes «sociales» (populares), de impuestos progresivo sobre la renta de las personas físicas, &c. Estas políticas de mejora de los estratos de menor nivel de renta no pueden confundirse con una política de igualdad. Se trata de una política orientada objetivamente (aunque subjetivamente pretenda ser lo contrario) al establecimiento de la desigualdad social, a la vez que al equilibrio entre los diferentes estratos sociales mediante la consolidación de los mínimos para los estratos más bajos. A evitar los peligros de que las gentes menos favorecidas puedan representar para quienes disfrutan de mayores niveles de renta: habrá que proporcionales hospitales, viajes colectivos, viviendas sociales, ocio o cultura abundante para que no molesten a quienes se curan en hospitales de lujo, a quienes viven en residencias no menos lujosas, a quienes viajan en aviones privados o incluso a quienes pagan más impuestos, porque con ellos legitiman su propiedad, que queda consolidada mediante el tributo proporcional plenamente reconocido por la democracia. Los socialdemócratas que predican la igualdad en sus programas (y peor aún si lo hacen sinceramente) desconocen o no quieren reconocer la ley de la democracia de la libertad, se parecen a los clérigos que prueban la inmortalidad del alma (e incluso lo hacen sinceramente) porque desconocen o no quieren reconocer la ley de los organismos vivientes» (Bueno, G., 2008).

4. Conclusiones.

Como hemos podido ver a lo largo de este artículo, la Idea de Progreso moderna es totalmente distinta a la antigua, y de ella no cabe deducir, en modo alguno, un supuesto progreso indefinido. El progreso siempre habrá de medirse como algo limitado, circular y de radio finito; un progreso indefinido, y no limitado sino global, como un presunto progreso del Género Humano, será una idea límite, un delirio de la razón, una suerte de mito que jamás podrá ser comprobado, porque faltan los términos de la comparación, y porque las posiciones sucesivas se irán alejando de las presentes que controlamos operatoriamente, hasta términos incontrolables y fuera de toda razón. Por ello el «progreso indefinido» que desde el siglo XIX ha sido utilizado por biólogos, políticos y cosmólogos, habrá de ser considerado como un delirio.

Desde este punto de vista, la idea fundamentalista de democracia, que apela, especialmente en su versión socialdemócrata, al progreso gradualista indefinido del Género Humano, y no sólo en las fases de su historia predemocrática, sino sobre todo cuando dice que, a partir de la instauración de la democracia, el «Género humano» se ha encontrado a sí mismo como animal democrático (y no ya como animal político), en cuanto miembro de una sociedad socialista, sería una muesca más de esta ideología degenerada del progresismo. Incluso el gradualismo socialdemócrata, el que toma las pautas del Conde de Saint Simon, no vería contradicciones entre la consideración de la democracia como Fin de la Historia y en el reconocimiento de la ley del progreso gradual indefinido como ley de la historia futura.

Sin embargo, todas las iniciativas para acabar con la desigualdad de los ciudadanos democráticos, apelando a los «derechos de las minorías» e intentando normalizar precisamente aquellas minorías que son la parte anormal de la sociedad (LGTBI, feminismo radical, veganismo, etc.), no logran en ningún caso tales fines. Aprobar leyes igualitarias, que impulsen la paridad de presencia de hombres y mujeres en diversos ámbitos de la sociedad, no es más que imponer un artificio, pues distinguir a las personas por razón de su sexo, o incluso por su orientación sexual en el caso del lobby LGTBI, supone dejar fuera otros criterios discriminatorios, tales como la raza, el credo, o la discapacidad física o intelectual.

En resumen, la ideología progresista, el progresismo como cúpula ideológica de las sociedades democráticas de nuestro presente (postular una sociedad no democrática en este contexto es poco menos que una herejía), no es más que un ideologuema vacuo, salido de sus quicios originales, de los contextos tecnológicos que enunciamos al principio de este breve ensayo acerca de los orígenes de la Idea de Progreso y de su ideología resultante, el progresismo. Ni cabe establecer un progreso global de la Humanidad, considerada como un todo homogéneo, ni tiene sentido alguno señalar el progreso como idea fuerza que impulse campos del saber tan heterogéneos como la Biología, la Cosmología o la Política. Asimismo, las sociedades democráticas no se rigen por la igualdad en todos los ámbitos, sino más bien por la desigualdad, especialmente económica: las políticas tan cacareadas de fomento de la igualdad, ya sea postulando o apuntalando una sanidad universal o una renta universal básica, en realidad objetivamente están asentando una desigualdad de base entre quienes poseen lo justo para poder vivir y quienes han alcanzado la plétora de la opulencia y el bienestar. Lejos de haber llegado al Fin de la Historia, nuestro presente se encuentra inmerso actualmente en una profunda crisis iniciada por una emergencia sanitaria, que a su vez ha sacudido los cimientos de las sociedades capitalistas de consumo, con las consecuencias ya sabidas en todos los ámbitos.

5. Bibliografía citada.

Aristóteles (1974). *Poética.* Madrid: Gredos.

Bueno, G. (1998). *Los límites de la Evolución en el ámbito de la Scala Naturae.* En Molina, E., Carreras, A., Puertas, J. (eds.). *Evolucionismo y Racionalismo.* Zaragoza: Institución Fernando el católico & Universidad de Zaragoza, 49-87.

Bueno, G. (2004). *Panfleto contra la democracia realmente existente.* Madrid: La Esfera de los Libros.

Bueno, G. (2008). *Consideraciones sobre la democracia. El Catoblepas,* N° 77, 2.

Bueno, G. (2010). *El fundamentalismo democrático. La democracia española a examen.* Madrid: Temas de Hoy.

Dawkins, R. (2008). *El cuento del antepasado.* Barcelona: Antoni Bosch Editor.

Hofstadter, R. (1965). La tradición política americana. Barcelona: Editorial Seix Barral.

Johnson, P. (2001). *Estados Unidos. La historia.* Barcelona: Javier Vergara.

Polibio (2000). *Historias.* Libros V-XV. Madrid: Gredos.

Saint Simon (1985). *Catecismo político de los industriales.* Barcelona: Orbis.

Stone, O. & Kuznick, P. (2015). *La Historia silenciada de Estados Unidos.* Madrid: La Esfera de los Libros.

ENSAYOS CRÍTICOS SOBRE EL PROGRESISMO

ENSAYO III: EPISTEMOLOGÍA: EL SENTIDO Y LA MORAL

Por Alejandro Segura Chávez

México

Para gestionar adecuadamente los asuntos complejos,
es necesario tener una visión lo suficientemente fría
como para separar al pseudo defensor del status quo hambriento de poder y egoísta
del conservador genuino;
y el rebelde autoengañoso e irresponsable sin una causa
del verdaderamente creativo. (Peterson, J. B., 2021, 64)

El progresismo, como lo hemos visto en los ensayos preliminares, ostenta y se vanagloria con la idea de *progreso,* como si todo cambio implicará necesariamente algo mejor, a priori se considera lo nuevo mejor que lo anterior, lo cual es una falacia de tipo *ad novitatem.* Y aunque hay que matizar que, si bien, el progreso no puede seguir un objetivo cualquiera sin más, sino más bien uno íntimamente ligado al orden previo de la sociedad – y su falta que adelante trataremos- es también cierto que la idea de progreso es atractiva como a su vez peligrosa si no se tienen criterios sobre el avanzar en sociedad.

En nuestras sociedades latinoamericanas, es común encontrar a gente que culpe de manera rotunda al gobierno, las empresas, "el capitalismo", la religión, cómo fenómeno nuclear de su desdicha. Si bien es cierto que no somos individuos ajenos a fuerzas sociales que no podemos controlar, también es verdad que deslindarse de la responsabilidad de aquello sobre lo que si tenemos control – nuestras decisiones individuales conscientes- es reconfortante, pero dañino a largo plazo.

Parte del pensamiento ideológico, es considerar a un nicho como el culpable de todo, en donde ese ente "culpable" precisamente redime de toda responsabilidad –cabe decir que culpa tiene una connotación negativa, pues significa sentir pena por algo que no hiciste de la manera adecuada, empero, responsabilidad implica saber que puedes mejorar o al menos no equivocarte de la misma manera- a la persona que no está teniendo la vida que desearía. Es justo lo que nos ocupa en el presente ensayo, tal pareciera que para el progresismo ese "mal" encarnado en la tierra fuera toda la tradición moral occidental y el "capitalismo" del que tanto se abrazan para sus lobbies.

Una teoría ideológica lo explica todo: todo el pasado, todo el presente y todo el futuro.

Esto significa que un ideólogo puede considerarlo nada queda fuera de la comprensión o el dominio. (Peterson, J.B., 2021, .218).

De verdad que sería una buena noticia que las cosas fueran tan simples como se plantean, y que la caída de dicha tradición trajera la panacea en la tierra. Esa lucha por varios activistas sociales para derribar la historia de occidente – rayando estatuas nacionales, censurando a diestra y siniestra material televisivo, a personas por tweets viejos, etc. porque ahora no se adaptan a los nuevos cánones de la convención progresista- no solo es que es ingenua, sino también peligrosa, se juegan cosas realmente significativas para la sociedad actual y las generaciones venideras.

"Dado que el ideólogo puede colocarse en el lado moralmente correcto de la ecuación sin el esfuerzo genuino necesario para hacerlo de manera válida,215 Después de dividir el mundo en piezas grandes e indiferenciadas, describir el problema o los problemas que caracterizan cada división e identificar a los villanos apropiados, el teórico del ismo genera una pequeña cantidad de principios o fuerzas explicativos (que de hecho pueden contribuir en alguna parte a la comprensión o existencia de esas entidades abstraídas). Luego, otorga a ese pequeño número el poder causal primario, mientras ignora otros de igual o mayor importancia. Es más eficaz utilizar un sistema motivacional importante o un hecho o conjetura sociológica a gran escala para tales fines. También es bueno seleccionar esos principios explicativos por una razón negativa, resentida y destructiva no declarada. y luego hacer que la discusión de estos últimos y la razón de su existencia sea un tabú para el ideólogo y sus seguidores (por no hablar de los críticos)." (Peterson, J.B., 2021, .215-6).

Parece cruel, exhibir una situación como la que nos ocupa, ya que no dudo que gran parte de los activistas de género tengan buenas intenciones – habrá los que lucran con la causa- pero al igual que en la mayoría de los casos en donde un médico no puede curarte sin molestar un poco tu herida, en esta ocasión tendremos que advertir desde una visión epistemológica, filosófica, psicológica los peligros de las propuestas progresistas ya cristalizadas en movimientos coetáneos.

Me he inspirado sobre todo en el trabajo del Dr. Peterson (a quién citaré en múltiples ocasiones), en la epistemología de Irme Lakatos, en los trabajos del Steven Pinker, en la obra *sapiens* de Hararí y en el funcionalismo como seguimiento del darwinismo aplicado a la psicología.

Para comenzar el presente ensayo, habría que definir como principio, los tres conceptos que hoy nos motivan:

Moral:

La etimología de la palabra moral -del latín mos/moris: costumbre y ética viene del griego Ethos: hábito de hacer el bien. Es susceptible confundir ética con moral, cuando por un lado tenemos el ejercicio filosófico de buscar lo bueno y lo malo - cómo lo hicieron pensadores desde la antigua Grecia hasta hoy día- y por otro lado tenemos cristalizadas algunas de las conclusiones en las costumbres de una sociedad-cultura. Así, tenemos que la ética es la rama de la filosofía que se encarga de la búsqueda del *Buen Vivir* y la moral serían las convenciones actuales de lo que se considera públicamente es una buena forma de vida.

Sentido:

En este texto, nos referiremos al sentido en relación a la pregunta hecha por muchos existencialistas a lo largo de la historia – Kierkegaard, Nietzsche, Sartre, Camus, etc. ¿Para qué existimos? ¿Qué significado tiene la vida o si debería tener alguno si quiera? Sentido: significado de la existencia.

Epistemología:

Es la rama de la filosofía que se encarga de separar *episteme* (conocimiento) de *doxa* (opinión). Es decir; que busca los criterios adecuados, para que enunciados determinados aspiren a ser universales y objetivos. Después de la revolución científica del siglo XVII se ha ocupado de formular la pregunta ¿Qué es ciencia y que no? ¿Cómo debería ser el método científico?

Ahora bien ¿Cómo relacionar estos 3 conceptos? A continuación, presentaré un silogismo que será piedra angular en nuestro trabajo:

Premisa mayor: El Sentido busca enunciados universales sobre el significado de la existencia humana.

Premisa menor: La moral son convenciones que pretenden ser universales sobre el bienestar humano.

Conclusión: La moral es una repuesta a la búsqueda de sentido.

Partiendo desde este lugar, surge la pregunta que por antonomasia nos motivará en esta ocasión ¿Cómo tener una moral que se acerque más a lo objetivo y universal, tan demandado por la epistemología? Haremos una analogía entre las revoluciones científicas y lo que hoy está en boga desde el progresismo como una revolución cultural.

Sin dudas movimientos como el activismo de género, feminismo moderno, LGBTI+ están inspirados en la propuesta de Herbert Marcuse:

"La «aspiración a la felicidad», si se afirma verdaderamente, agrava el conflicto con una sociedad que sólo permite una felicidad controlada, y la exposición de los tabús morales extiende este conflicto hasta convertirlo en un ataque a los fundamentos vitales que protegen a la sociedad." 1 *(p.221)*

Este autor posmarxista, desde una postura hibrida entre Freud y Marx, propone –como así lo hacen en general la escuela de Frankfurt – una dialéctica diferente, en donde la liberación, ya no se lograba en la lucha de clases de obreros versus burgueses, sino de *marginados culturalmente* versus *"privilegiados"* por la moral –la sociedad capitalista- establecida. Dígase, el sujeto de la liberación ahora era más bien el sujeto dividido del psicoanálisis, era la liberación sexual amoral de lo inconsciente.

---

1   – Marcuse, H. (1953) *Eros y civilización*. México: editorial Sarpe.

Si no podemos eliminar el capitalismo, lograremos que sea más noble con los marginados sociales –por moralidad y la estética actuales- y la revolución será en el campo cultural, habrían dicho. Todo parece estar de cabeza y esa es la intención, veremos participantes trans ocupando un espacio de concurso de bellezas para mujeres como lo fue Miss España, la "modelo" de kelvin Klein transexual, negro, descendiente Afro, películas y series donde escenas parecen forzadas para atender a la demanda del público, que desea ver la persona no cisgénero blanco heterosexual, etc. Ocupando la puesta en escena. Con esto no estoy poniendo en duda la dignidad de cualquier ser humano, sin importar sus características emergentes de su existencia, sino las dinámicas sociales y las implicaciones dentro el bienestar común.

Sabemos, sin duda, que la obra de Freud es casi una continuación de los trabajos de Schopenhauer y Nietzsche; críticos severos con la moralidad en general. Y estos actos subversivos, ya mencionados siguen una línea en común. Con esto, cabe pensar ¿Es pues verdad que la moral es la encarnación del mal para los hombres? ¿Es verdad que esta liberación podría hacernos felices? ¿A caso la moral debería ser superada y cómo? Es algo de lo que trabajaremos en el presente ensayo.

El problema de la tabla rasa ¿Hay naturaleza humana?

Esta teoría de la naturaleza humana -la que sostiene exactamente que ésta apenas existe- constituye el tema del presente libro. Del mismo modo que en las religiones subyace una teoría de la naturaleza humana, las teorías de la naturaleza humana asumen algunas de las funciones de la religión, y la Tabla Rasa se ha convertido en la religión secular de la vida intelectual moderna.2 **Pinker (2002)**

"No hay naturaleza humana" la piedra angular desde donde sin duda parten los progresistas, para sugerir cambios de dominio público. Bajo esta premisa, vale entonces afirmar que todo ser humano es una construcción socio-cultural, no hay reglas, son arbitrios de la moral y estética de turno. El común dilema de la autopercepción y el sexo biológico, es el epitome coetáneo de la creencia de que todo es un constructo de convención humana.

Aunque mal interpretada, Filosofas de género como Judith Butler, influyen en la difusión de esta creencia popular. Butler dice que el género es una categoría política, y que es performativo, más aún así no niega los sexos biológicos, como muchos de sus seguidores. Y aunque, bien es cierto, que no todo de lo que hablamos tiene lugar en un mundo natural bruto, por ejemplo; las leyes jurídicas, la propiedad privada, el Estado, el dinero, un puesto laboral, un diploma, una nota escolar, son pues, final de cuentas convenciones de la intencionalidad humana, coexisten en el mundo inteligible de la simbolización y las instituciones sociales; empero, eso no se sucede a todo sea una construcción antropomórfica ¿Alguno dudaría de la gravedad? ¿Cuántas

---

2   – Pinker, A. S. (2002) *La tabla rasa.* España: Paidós

personas necesitaríamos para crear la realidad donde todos flotáramos y nos atreviéramos a lanzarnos de un edificio junto? Hasta las preguntas parecen y debieran retoricas. Pasa lo mismo cunado pretendemos negar la naturaleza humana.

*Tal vez tenía razón Confucio cuando decía: «Las naturalezas de los hombres son iguales; lo que les separa son sus hábitos» (p.229)*3

El psicólogo norteamericano Steven Arthur Pinker –defensor de las ideas de la ilustración- escribirá un libro sobre la tesis de una naturaleza humana, titulado la tabula rasa. Menciona que más que una negación de la naturaleza humana en términos filosóficos, se debe a un miedo político, el miedo a la desigualdad. Por ejemplo, el pavor que se tiene hoy a hablar de diferencias entre hombres y mujeres:

"¿Por qué se tiene tanto miedo a que las mentes de hombres y mujeres no sean idénticas en todos los sentidos? ¿Sería realmente mejor si todos fueran como Pat, el andrógino de Saturday Night Live? El temor, evidentemente, es que «diferente» implica «desigual», que, si los sexos difieren en algún sentido, entonces los hombres tendrán que ser mejores o más dominantes o ser los únicos que puedan divertirse." (p.549)*4

Toda su tesis, va a rondar en la defensa de una naturaleza humana - testada por experimentos y estudios que la corroboran- que podríamos aceptar como punto de partida para después tener sociedades más justas. Pero no esclavizar la verdad, en nombre de causas políticas, ni tampoco es la invitación a caer en el error de la falacia naturalista, no todo lo que forme parte de la naturaleza humana debe ser asentido ética o moralmente:

*"En cuanto reconocemos que no hay nada moralmente encomiable en los productos de la evolución, podemos describir honradamente la psicología humana, sin el temor de que identificar un rasgo «natural» equivalga a aprobarlo. Como le dice Katherine Hepburn a Humphrey Bogart en La Reina de África: «Se nos coloca en la naturaleza, señor Allnut, para que la superemos»." (p.265)*5

Entonces ¿Hay una moral objetiva o todo es construcción cultural?

Según el historiador israelí, Yuval Noah Harari, los sapiens habríamos sobrevivido por encima de nuestros primos primates homínidos, para la capacidad de simbolizar, ergo, crear discursos que nos unieran en grandes grupos. Sin duda, el escritor parte de un materialismo emergentista, entiende la cultura como un epifenómeno que prescinde de la biología humana.

La conducta inteligente se aprende con éxito porque poseemos unos sistemas innatos que realizan el aprendizaje. Y todas las personas pueden tener móviles buenos y malos, pero no

---

3   – Pinker, A. S. (2002) *La tabla rasa.* España: Paidós.

4   – Pinker, A. S. (2002) *La tabla rasa.* España: Paidós.

5   – Pinker, A. S. (2002) *La tabla rasa.* España: Paidós.

todas pueden traducirlos a una conducta de la misma forma.6(p.70)
Los funcionalistas parten de la idea de que los procesos psicológicos son producto de organismos tratando de adaptarse al medio. Esto último es fundamental, tenemos que entender pues la moral como un discurso que pretende ubicar juicios de valor sobre lo bueno (que ayuda a sobrevivir) y lo malo (puede ser peligroso para la supervivencia). Claro que cada cultura podrá tener costumbres particulares, pero muy en el fondo esas particularidades son el subproducto de las relaciones entre la biología humana y la demanda ambiental, luego, la funcionalidad de sus discursos. A manera de metáfora, podemos decir que aunque cada diseñador gráfico tiene un estilo propio, no podemos negar que parte de las mismas reglas que le ofrece un programa informático de diseño, aunque cada ajedrecista tenga su particular forma de juego no podemos negar que todos parten de las reglas del ajedrez, aunque cada jugador de futbol se distinga por cualidades únicas no podemos negar que todos están jugando al futbol con su respectivas reglas, aceptar reglas en la naturaleza no significa condenar la diversidad.
Veamos lo que piensa J. B. Peterson sobre esto:

"Postuló (Nietzsche) que un nuevo tipo de hombre, el Übermensch (la persona superior o superhombre), sería necesario después de la muerte de Dios, para que la sociedad no se desvíe hacia los opuestos bajíos rocosos de la desesperación y la teorización política excesivamente sistematizada. Los individuos que toman este camino, esta alternativa al nihilismo y al totalitarismo, deben por tanto producir su propia cosmología de valores.

*Sin embargo, los psicoanalistas Freud y Jung acabaron con esa noción, demostrando que no estamos lo suficientemente en posesión de nosotros mismos como para crear valores mediante una elección consciente. Además, hay poca evidencia de que alguno de nosotros tenga el genio para crearnos ex nihilo —de la nada— particularmente dadas las limitaciones extremas de nuestra experiencia, los sesgos de nuestras percepciones y el corto lapso de nuestras vidas. Tenemos una naturaleza —o, con demasiada frecuencia, nos tiene a nosotros— y ahora sólo un tonto se atrevería a afirmar que tenemos suficiente dominio de nosotros mismos para crear, en lugar de descubrir, lo que valoramos."*7

Es decir; tratar de derribar nuestra historia – Filogenética, ontogenética, social y cultural- para crear un mejor discurso moral, requeriría de una genialidad extraordinaria, una nunca antes vista hasta el sol de hoy, suprahumana, o bien terminar en el nihilismo, el caos, la violencia; que de hecho es lo que pasa. Pero sin autocrítica, la ideología nos hará creer que no se ha sido lo suficiente subversivo que aún falta mucho por derribar, ya que la mal siempre esta externo con un determinado nombre, podría ser quizás para muchos el

---

6   – Pinker, A. S. (2002) *La tabla rasa.* España: Paidós

7   – Peterson, J. B. (2021) *Más allá del orden.* México: editorial Planeta

conservadurismo. Debo admitir que yo habría tenido muchos prejuicios a este concepto, se ha ganado mala prensa, y no por nada, omitir los daños que se han hecho en nombre del conservadurismo no me parece una posición legitima de nuestra parte, pero dejarlo en un mero meme de internet tampoco, por eso me he motivado a escribir sobre el tema. No es verdad que todo quien sea escéptico al cambio, sea un ogro que no desea el bienestar que promete el mismo, veámoslo de Peterson:

"…el respeto por la transformación creativa debe acompañar al respeto apropiado por las estructuras jerárquicas de resolución de problemas que nos ha legado el pasado. Esa no es una opinión moral arbitraria ni una afirmación moralmente relativa. Es algo más parecido al conocimiento de leyes naturales gemelas integradas en la estructura de nuestra realidad. Las criaturas sumamente sociales como nosotros debemos acatar las reglas, permanecer cuerdos y minimizar la incertidumbre, el sufrimiento y las luchas innecesarias." (p.58)8

Claro que es oportuno el avance social, pero se debe ser cuidadoso y tener claro que no todo cambio perse debe ser mejor a lo anterior, se supone que así sea, pero no siempre pasa. El comunismo fue algo nuevo en su momento, termino por matar a millones de personas y sin obtener lo prometido tras revolución, el nazismo era algo nuevo, los desarrollos bélicos para la primera y la segunda guerra mundial eran algo nuevo, la bomba atómica fue algo nuevo, si nos vamos entendiendo la novedad no implica que todo vaya estar mejor que antes.

Por norma general, los hábitos y las acciones generales existen porque han tenido éxito, porque su aplicación basta para transformar lo que de otro modo sería territorio inexplorado en un refugio seguro y fructífero. Tal como nos hemos esforzado en demostrar, lo desconocido no pierde su significación a priori —promesa y amenaza— a causa del proceso pasivo de «habituación». La adaptación es activa. La «habituación», salvo en el más trivial de los sentidos, es la consecuencia de una exploración creativa exitosa, lo que implica generación de patrones de conducta que convierten el significado indeterminado de algo nuevo que sale al encuentro en algo positivo en el mejor de los casos, y neutro en el peor. ¿Es el fuego peligroso o beneficioso? (p.126)9

Bien, si vamos siguiendo este hilo de pensamiento, la moral sería una construcción de sentido, pero limitada por nuestra propia naturaleza. Entonces tenemos reglas, y hay que conocerlas para jugar mejor el juego, o ignorarlas y entonces no adaptarnos lo mejor posible a este mundo (cabe aclarar, que sugiero

---

8   – Peterson, J. B. (2021) *Más allá del orden.* México: editorial Planeta

9   – Peterson, J, B (1999) Mapas de sentidos. México: Editorial Planeta

como adaptación en estos términos, no solo capacidad de supervivencia, sino, además, la capacidad para disfrutar de la existencia).

Pero, como dijimos en un principio, la moral pretende ser universal y esta solo se da gracias a la intencionalidad humana, ergo, al lenguaje y sus enunciados; aquí es donde entra la epistemología, y me encargaré de aplicarla a este campo específico.

El *anything goes* de Feyerabend, pretendía decirnos que si seguimos las dos únicas reglas epistémicas que no se han violado en los cambios de PIC (programas de investigación científica) – o paradigmas en el sentido de Kuhn- de la ciencia, como lo son la observación y la evidencia –conclusión a la habría llegado Kant mucho antes, sin ser tan explícito- podríamos crear teorías alternas que contradijeran a las más fiables actualmente y era válido.

Hay que tener en cuenta que toda la tradición teoricista – desde Popper, y discípulos: Kuhn, Lakatos y Feyerabend- consideraban a las teorías como redes de pescar que obtenían mayor cantidad o menor de pescados que otras, y que jamás habría una teoría perfecta – todas se encontrarían con anomalías que las contradijesen- pues que, la moral como teoría del buen vivir padecería la misma dolencia: tener excepciones.

Para un falsacionista ingenuo, bastaría poca evidencia contraría para abandonar su teoría, sin embargo; el falsacionismo sofisticado de Lakatos propondría que hipótesis auxiliares protegerían la hipótesis nuclear (que no se cuestiona) y solo si, solo si pareciera realmente un PIC mejor, entonces se abandonaría ahora si el PIC viejo.

¿No es acaso un dadaísmo lo que propone el progresismo? ¿La negación de la tradición occidental solo porque se puede? Así como Feyerabend no rompió las normas básicas del conocimiento, no es que el progresismo se rija por otra naturaleza (reglas biológicas) y que por tanto sus conclusiones sean distintas, se mueve bajo las mismas funciones humanas, pero siendo subversivo sin responsabilidad. Para el Dr. Peterson estos actos aparentemente revolucionarios y de gran consciencia social, serían una forma de obviar los verdaderos problemas que cada uno tendríamos como individuos:

"Es imposible luchar contra el patriarcado, reducir la opresión, promover la igualdad, transformar el capitalismo, salvar el medio ambiente, eliminar la competitividad, reducir el gobierno o administrar cada organización como una empresa. Estos conceptos son simplemente de muy baja resolución. El equipo de comediantes de Monty Python ofreció una vez lecciones satíricas para tocar la flauta: soplar por un extremo y mover los dedos hacia arriba y hacia abajo en los agujeros. Verdadero.
Pero inútil. El detalle necesario simplemente no está ahí. De manera similar, los procesos y

sistemas sofisticados a gran escala no existen de una manera lo suficientemente real como para hacer posible su transformación unitaria integral. La idea de que lo hacen es producto de cultos del siglo XX. Las creencias de estos cultos son a la vez ingenuas y narcisista, y el activismo que promueven es el sustituto de la persona resentida y perezosa del logro real. Los únicos axiomas de los poseídos ideológicamente son dioses, servidos ciegamente por sus proselitistas." (p.223)10

De allí su famoso eslogan *ordena tu habitación,* que lejos de tratarse del común ejercicio paterno – o materno- de indicarte una obligación de casa, se trata pues, de una invitación. Si logras ordenar tu mundo más cercano, poco a poco lograras ordenar el mundo de allá a fuera, los grandes problemas de la humanidad. Es similar, aunque no del todo, a lo que propondría Osho, como revolución interna, para este autor que puede considerarse de autoayuda o espiritualidad gratuita, la revolución debería ser con uno mismo, venciendo las trabas personales para el bienestar y luego ayudando persona por persona a que obtenga su liberación espiritual. A final de cuentas esta idea parece más factible y menos arriesgada, que obstruir cosas más complejas a nivel macro social. Continuemos con el problema de la universalidad de la moral, así Popper, responde a la pronunciada pregunta ¿y dónde dejas la verdad si toda teoría es transitoria?!Verosimilitud ¡La teoría dominante es lo mejor que tenemos para entender la realidad, y debemos conformarnos actualmente! A esto hay que sumarle que filósofos de la ciencia como Mario Bunge y Gustavo Bueno, cada uno a su manera; propondrían que las revoluciones científicas solo podrían darse con disciplinas ya establecidas, pues que de la nada no era posible.

Así, si quieres contradecir todos los avances científicos actuales, se podría, pero habría que rellenar esos huecos con otras teorías, es utópico ¿Qué ser humano podría superar a toda la historia de una civilización con su puro razonamiento? Pasa exactamente lo mismo con la moral occidental como sentido, tendrá sus fallas, pero negar su funcionalidad es peligroso para nuestra supervivencia, tendríamos que superar la historia, en una efímera existencia individual.

¿Pero qué hacer con los fallos que seguramente han motivado a personas a ser subversivos? Al igual que Lakatos, descubrió el cinturón protector de las teorías, abandonar hipótesis auxiliares, es lo mejor que podemos hacer; no ir contra el "sistema" sino buscar mejoras puntuales, dentro del sistema de valores que ha preponderado a lo largo de los años. Allí entra la filosofía de Peterson, cuida el orden, una vez que tengas un poco del mismo permítete adentrarte al caos para ordenarlo, sin importar el poco orden del que partas.

Conclusión:

---

10   – Peterson, J. B. (2021) *Más allá del orden.* México: editorial Planeta

*El mundo puede entenderse de manera válida como un foro para la acción, además de como un lugar de las cosas. Describimos el mundo como un lugar de cosas, usando los métodos formales de la ciencia. Sin embargo, las técnicas del relato (el mito, la literatura y el drama) retratan el mundo como un foro para la acción. Las dos formas de representación se han opuesto innecesariamente porque todavía no nos hemos formado una imagen clara de sus dominios respectivos. (p.15)*11

Se han propuesto los valores de occidente como culmen del mal moderno, dicho sea de paso, entender que mucha de nuestra moral deviene de la Religión judeo-cristiana, una pregunta válida que podríamos hacernos ¿Por qué le tengo que hacer caso a un libro que contiene mitos y no verdades científicas? Esta pregunta encubre al menos dos cuestiones precisas: 1) Si fuera del descubrimiento científico hay algo de valor para accionar en sociedad 2) Si la ciencia actual tiene los conocimientos suficientes para permitirnos vivir en bienestar.

A más de un siglo de la psicología como disciplina y su larga historia como filosofía, podemos decir que sin duda la atención de un psicólogo clínico cuenta con más herramientas para la intervención que las que te podrían ofrecer una religión. Sin embargo, no podemos obviar los factores funcionales que tiene una religión en la vida psíquica del individuo. La moral, pese a sus fallas nos ha permitido vivir por siglos en comunidad y sobrevivir a las vicisitudes del ambiente. No podemos sin más derribar todo lo que nos ha aportado. Tenemos que aportar una lectura crítica sobre cada convención social y su utilidad actual en pro de una sociedad más idóneo para vivir y sentirnos más satisfechos.

---

11   – Peterson, J, B (1999) Mapas de sentidos. México: Editorial Planeta

Bibliografía

Camus A. (1942) *El extranjero*. México: Booket

Camus A. (1942) *El mito de Sísifo*. México: Alianza

Feyerabend P. K. (1975) *Tratado contra el método*. México: Tecnos.

Hararí Y. N. (2011) *Sapiens De animales a Dioses*. Barcelona: Debate

Kuhn T. (1971) *La estructura de las revoluciones científicas*. México: Fondo de Cultura económica.

Lakatos I. (1978) *Metodología de los programas de investigación*. México: Mcgraw-hill interamericana

Marcuse, H. (1953) *Eros y civilización*. México: editorial Sarpe

Nietzsche F. (1883) *Así habló Zaratustra*. México: Editorial Porrúa

Peterson, J, B (1999) *Mapas de sentidos*. México: Editorial Planeta

Peterson, J. B. (2021) *Más allá del orden*. México: editorial Planeta

Pinker, A. S. (2002) *La tabla rasa*. España: Paidós

Popper K. (1985) Escritos. México: Paidós

Popper K. (1962) Lógica *de la investigación científica*. México: Paidós

Sartre J. P. (1946) *El existencialismo es un humanismo*. México: Fondo de cultura económica

Sartre J. P. (1938) *La náusea*. México: Grandes de la literatura

ENSAYO IV: EL PROGRESO DE LA FAMILIA

Pedro Guillamón Moreno

España

Tomando como punto de partida el apartado del Doctor Stchigel y –con ello– simplificando –para bien– el arsenal terminológico, pretenderemos ahora ejemplificar una de las tantas taras del ya definido *progresismo* para con la sociedad en la que vivimos (*y viviremos*).

Siguiendo a su vez la naturaleza divulgativa del trabajo que nos compete y sin olvidar aquella máxima de "*lo bueno, si breve, dos veces bueno*" exploraremos brevemente cómo ha afectado el progresismo a la estructura, valoración e incluso **definición** de aquello que llamamos *familia*.

La familia, ya en un escrito tan a partes iguales celebrado y condenado como lo fue El *Contrato Social* (1762) de **Jean Jacques Rousseau**, era definida tal que:

> "*La más antigua de todas las sociedades, y la única natural, es la de la familia. Con todo, los hijos no permanecen vinculados al padre más que durante el tiempo que necesitan de él para su conservación. En cuanto esta necesidad acaba, los vínculos naturales quedan disueltos. Los hijos exentos de la obediencia que debían al padre y este exento de la obligación de los cuidados que debía a aquellos, uno y otro disfrutan de la misma independencia.*"
> **(Rousseau, J. J., 1762, 24)**

La visión *rousseauniana* de la familia queda así reducida a una obligación biológica, una cadena más de la que el buen individuo debe –o deberá– desprenderse llegado el momento. De nuevo, se adelanta aquí el tópico progresista que, siglos después, nos reivindicará aquello de que el hombre tiene en su corporeidad una prisión; para el progresista nuestro cuerpo es una cárcel de la que, en su delirio, cree que algún día podremos escapar, liberándonos de las responsabilidades de nuestra naturaleza misma mediante los avances científicos.

> "*…la familia es pues, si se quiere, el primer modelo de las sociedades políticas: el jefe es la imagen del padre, el pueblo es la imagen de los hijos, y todos, habiendo nacido iguales y libres, no enajenan su libertad sino a cambio de su utilidad…en la familia el amor paternal recompensa al padre de los cuidados que prodiga a sus hijos, en el Estado, es el placer de mandar el que reemplaza este amor que el jefe no siente por sus pueblos*" **(Rousseau, J. J., 1762, 24-5)**

Aquí, Rousseau se atreve a pincelar una suerte de visión patriarcalopresora del padre, un jefe que –equiparado a la imagen del Estado- se dedica a gobernar, dirigir y –a su manera- tributar con la materia viva que son sus hijos. Del mismo modo el progresismo actual desautoriza cada vez más la autoridad-funcionalidad del padre en tanto a sus derechos a decidir la educación de sus hijos; en síntesis, actualmente *el Estado se ha asignado el poder de ser el primer responsable y la máxima autoridad para con la educación de los menores, y la pérdida progresiva de derechos de los padres es vista como un progreso hacia la holización ideológica del ciudadano.*

Esta *holización*, sirviéndonos del término científico, consistirá –y consiste- en la homogeneización del niño –futuro votante- a través de la educación, a través de una imposición desde temprana edad de los fundamentos progresistas tales como el cientificismo, el laicismo, la *desvirtualización* de los valores tradicionales, el multiculturalismo, etc. La polémica presencia de estas medidas en la mayoría de sistemas educativos europeos es algo que a día de hoy conocemos sobradamente.

A día de hoy, no nos sorprende en nada que *Familia tóxica-Padre/Madre tóxico* sean conceptos perfectamente utilizados y entendibles dentro de esa suerte de psicología popular con la que nos bombardean las redes sociales y los libros de autoayuda. La propia definición de familia es algo que se ha visto alterado en pos de la agenda progresista; no nos es ajeno la proliferación de aquellos que consideran a sus mascotas su familia, o los que consideran que la verdadera familia es aquella que no comparte lazos de sangre, amén de otros nuevos términos

> *"Si permanecen unidos, no es ya de forma forzosa y naturalmente, sino voluntariamente; y la familia misma únicamente se mantiene por convención"*
> **(Rousseau, J. J., 1762, 24)**

La afirmación de que la sustentación y unidad de la familia es *un mero constructo social* no puede sino evocarnos los ecos de un futuro con el que nos encontramos de bruces. La relativización –predecesora de la negación- del amor filial/paternal es uno de los muchos antecesores que dibuja Rousseau para lo que a día de hoy es *un atentado a la familia tradicional progresivo y efectivo.*

Valiéndonos de un psicologismo a la postre, cabe decir que el ginebrino que hemos citado abandonó en distintos hospicios a los cinco hijos que concibió con su amante –más tarde esposa- Teresa Levasseur; un testimonio más de la abnegación de un hombre que había sido bautizado en el catolicismo y que, no obstante, veía en la prole una cadena, un lastre, una sucesión/prolongación del mismo cuerpo que, como los progresistas, él debió de concebir como una limitación indeseable de la que intentar librarse.

Es así como Rousseau se adelantaba con su obra a lo que siglos después constituiría uno de los principales ejes del nihilismo posmoderno en el que nos ha tocado vivir; aquel que *niega los grandes relatos de historia*, que *descree de la verdad misma al primar la subjetividad absoluta* y *el mito de la libertad-ante-todo* y una *creencia ciega en el mito de la felicidad a través de los avances*, sean estos tecnológicos o espirituales.

La degradación moral y espiritual –a cada año más evidente- que ha negado el hemisferio occidental en *progresión continua* desde la segunda mitad del siglo XX ha tenido aquello que llamamos *progresismo* como vertiente cultural e ideológica primordial, soporte, defensor y justificante de gran parte de estas progresiones/involuciones sociales.

El progresismo ha estado sirviendo -a pesar de sus contradicciones y su menoscabo para con todos los principios que antes creíamos inamovibles- como argumento para el avance –o progreso- de toda una serie de legislaciones, *nuevas verdades*, imposiciones ideológicas y demás que ofrecen una visión del hombre desde las coordenadas progresistas como modelo a seguir por toda la especie.

Esto es: un hombre que rechaza su naturaleza, aunque, contradictoriamente, se declare defensor de ella a través de algunas de las materializaciones más recientes del progresismo: *el ecologismo, el veganismo, el animalismo, el vegetarianismo*, etc.
A pesar de esta loable y aparente defensa del medio ambiente, la vida animal y la explotación *responsable* de los recursos, de nuevo la dicotomía progresista peca de contradicciones insalvables desde cualquier prisma objetivista. En este sentido, podemos corroborar que **la vida humana se ha abaratado**, y **el animal se ha enriquecido** con el progresismo.

Esto es, pues, una evidencia de otra de las grandes hipocresías del progresismo; una de las muchas espadas que ese Damocles dejó para la civilización occidental son filos como el de la eutanasia, que pierde el estatus controvertido con cada mes que tachamos de nuestros calendarios. No obstante, no es este sino uno de tantos síntomas de una enfermedad mayor:
Bajo la máscara de un nuevo humanismo –aquel que bajo la paradójica defensa de la vida ha abolido la pena capital en tantísimas naciones- el progresismo nos presenta una nueva sociedad abortista, eutanásica, efebocrática, que diluye las luchas realmente existentes del individuo en cuestiones identitarias y demás complots panfletarios.

Y mientras nuestro político favorito se pasee acompañado de su perro y su séquito fotográfico, seguiremos comprando esta agenda, alimentándola, votándola y, a sabiendas o no, cavando las últimas pulgadas que ya va necesitando la civilización cristiana en general –y la católica en particular-.
Dalmacio Negro Pavón, catedrático español autor de *El mito del Hombre Nuevo* (2009) –lectura poco menos de lo imprescindible a la hora de abordar estos polifacéticos temas- ya ratificó en una de sus intervenciones en la pasada década este fenómeno tan a menudo desapercibido.

> *"En la perspectiva actual, la Gran Revolución* (francesa) *fue, en rigor, la mayor Contrarrevolución anticristiana habida hasta la fecha. Sus ideas capitales (libertad –igualdad-fraternidad, derechos del hombre y del ciudadano, idealización de la ley y del Estado) son -diría Chesterton- ideas cristianas que se han vuelto locas. Sin embargo, sus efectos dominan el momento presente".*

(Negro, D., 2015)

Rousseau –pensador fundamental e ineludible a la hora de diseccionar ideológicamente las fuerzas motrices tras la revolución de 1789- es así uno de los primeros predecesores del Estado actual. En su obra está plantada la semilla de la defensa de ese hombre nuevo y libre, *libre de hijos, de credos religiosos, de responsabilidades para con su comunidad más allá de las que impongan o requieran las exigencias políticas de su tiempo, de un Estado al que debe completa fidelidad y sumisión.*

Paradójicamente, conocemos sobradamente que, para Rousseau, **el hombre desnaturalizado de su tiempo era inferior al hombre natural**, bárbaro, que una vez hubo de ser en su estadio más primitivo. He aquí la aclaración de que, en efecto, Rousseau aparenta negar todo progresismo en tanto que este ha alejado al hombre de sus raíces naturales; no obstante, la contradicción se genera al suponerse aquí esa visión mitológica de *la naturaleza que adopta el rol de una madre protectora e instructora para con el hombre.* Nada más allá de la realidad, tanto en boca de Rousseau como en la de los progresistas-ecologistas actuales.

De esta manera, si bien Rousseau no aboga por un *progreso* per se y se acerca más a un *regreso*, no están sus críticas al status quo de su tiempo –al respecto de la familia especialmente- demasiado diferenciadas de los mismos argumentos relativistas que blande el progresismo actual.

Si bien Rousseau no es –cuanto menos- un defensor del Estado (abogando por el contrato social frente al contrato estatal) sus aspiraciones a superar la organización estatal mediante ese *regressus* es perfectamente comparable a la defensa del *progressus* con la que ya estamos familiarizados. Ambas rutas parten de coordenadas similares y buscan superar al Estado, lo único que cambia es la dirección y no tanto sus metas finales.

Si para Rousseau el hombre es bueno por naturaleza, más está desnaturalizado de la misma tras los corruptos procesos históricos, para el progresista el hombre es bueno en cuanto no posea naturaleza; es decir, aquel que mediante los continuos avances científicos pretenderá ascender, llegar a una superación de su propia corporeidad y de los Estados-Nación tradicionales en pos de una sociedad globalizada, sin credos, sin particularismos.

Un nuevo orden, en definitiva, cuyos ecos ya resuenan actualmente en archiconocidas asociaciones europeas; privando de la soberanía tradicional de los pueblos a los estados que las conforman en base a la búsqueda de ese mito de la humanidad hermanada, unida, con todas sus diferencias trituradas y reconducidas.

En síntesis, la búsqueda de la superación del estado y la trituración de naciones y credos tradicionales en pos de alcanzar este cambio de paradigma enlaza al pensador ginebrino en una suerte de mal chiste con el progresismo actual. La creencia de un estado superior del hombre –anterior o posterior al Estado moderno- es la misma irracionalidad disfrazada de razón que podemos constatar en ambas versiones de este relato. Y, como veremos más adelante, enlazará también con algunas de las materializaciones político-ideológicas más controvertidas del siglo XX.

No es sino a través los ecos de este pasado que hemos llegado a este, nuestro presente. Un presente donde la unidad familiar se encuentra en su punto más bajo históricamente, donde su valoración como primer modelo de toda sociedad está más desplazado que nunca.

Volviendo a nuestro tiempo: la sociedad actual castiga y sojuzga económica y moralmente a aquel que ose emprender la costosa y laboriosa labor de establecer una familia; aquel que pretenda seguir esta senda será acosado por los fantasmas de la sobrepoblación. Las aspiraciones a formarla y darle la importancia de antaño se han disuelto en el cientificismo imperante y la total relatividad moral que este ha conllevado.

Será acosado también por el estatus de la vida asalariada que lo hará distanciarse de la atención de sus hijos; enmarcado en una civilización donde ya se hace impensable que uno de los dos progenitores pueda dedicarse al cuidado del exclusivo núcleo familiar, incitando a los cuidados estatales como perfectos sustitutos de los tradicionales parentales.

Será acosado, en última instancia, por una cultura que nos aboca a una mitificación del cuerpo en tanto a los placeres efímeros e inmediatos y –en contradicción fatal- a su vez nos hace ver nuestra misma corporeidad como una prisión, una limitación por superar, un lastre biológico, si se quiere.

Y tal vez, considerando *el progreso* que hemos trazado hasta ahora y el que está por llegar, el futuro que esperará a la gran masa no será otro que el de resignarnos a nuestros cubículos, rodeados de las más altas tecnologías que la ciencia pueda aportarnos; mecanismos que suplan todas nuestras carencias y ocupen todos nuestros espacios de atención, con mascotas a las que llamaremos *hijos* y la ciega creencia de que somos *sujetos libres* y en nuestra libertad hemos decidido que esta –y no otra- sea nuestra vida.

Quizá entonces rememoremos las palabras que la serpiente anunció a los primeros hombres, recogidas en *el libro del Genesis*, al referirse a lo que ocurriría si, como luego hicieron, los hombres tomaran de Dios la fruta prohibida del **Árbol del Conocimiento**:

> *"De ninguna manera moriréis. Dios sabe muy bien que el día que comáis de él, se os abrirán los ojos y seréis como dioses, conocedores del bien y del mal"*
> (***Libro del Génesis***, 3-5)

A colación:

ADOLF HITLER, EL PROGRESISMO REALMENTE EXISTENTE.

Tratando de sortear el gran obstáculo que podría –y puede- suponer la mera provocación en apariencia de tal aseveración, trataremos ahora de enlazar las enormes contradicciones del actual progresismo con un régimen tan antagónico en apariencia como pueda ser el de la Alemania Nazi.

Si bien esto es una comparación que escandalizaría a la totalidad de la plantilla política europea, bien cabe reflexionar sobre si -una vez comparados- estos regímenes tan *aparentemente* antagónicos tienen –o no- verdaderos parecidos dignos de mencionar.

Sin ir más lejos, la *metafísica hitleriana* sostenía que un cambio radical de paradigma era necesario en la política alemana. La nación alemana debía llegar, guiada por el NSDAP, a un nuevo estatus canónico que no admitiría siquiera los ecos de todo lo que quedara remanente de su estado predecesor.

"Una ideología emergente tiene que ser intolerante y no podrá reducirse a jugar el rol de un simple partido junto a otros, sino que exigirá imperiosamente que se la reconozca como exclusiva y única, aparte de exigir la transformación total –de acuerdo con su criterio- del conjunto de la vida pública. No podrá, por tanto, admitir la coexistencia de ningún factor representativo del antiguo régimen imperante" **(Hitler, A., 1925, 161)**

"Para que se desarrollase una cultura superior, fue necesario que existiesen individuos de inferior civilización, pues nadie, sino éstos, podrían sustituir al instrumento técnico sin el cual el progreso era inconcebible" **(Hitler, A., 1925, 107)**

La efebocracia, otro de los puntos acertadamente remarcados por Stchigel para con el progresismo, se explica prácticamente por sí misma dentro del régimen nacional-socialista. La reivindicación de lo nuevo sobre lo viejo, la importancia de asociaciones tan evidentes como las juventudes hitlerianas en la construcción de este *"nuevo hombre"* que tanto se ha asociado a las lecturas – acertadas o no- de Friedrich Nietzsche, etc.

Todo ello es prueba suficiente para remarcar la visión hitleriana de una ***sociedad efebocrática***, donde es al fuerte, al joven y al que está en poder de los secretos a quien corresponden las mieles del éxito, el acaparamiento del poder y el favor/apoyo del Estado. La vejez, rasgo de aquel que es portador de los cánones del viejo mundo, es un rasgo merecedor del desprecio para el NSDAP.

"El progreso humano es como la ascensión de una interminable escalera; nadie puede llegar a las alturas sin haber trepado ante sal primer peldaño. De esta suerte, el ario hubo de seguir la senda que le conduciría a la realización y no la que existe en la fantasía de un pacifista moderno" **(Hitler, A., 1925, 108)**

La evidente **defensa del laicismo** por parte del nazismo, por otra parte, hace también de enlace con el progresismo actual; aquel que ve los cultos religiosos como un obstáculo en el avance del progreso humano. Hitler sostuvo -con fines más propagandísticos que factuales- la reivindicación de los antiguos cultos paganos germánico-escandinavos, una manera de alejarse por así del cristianismo –de obvio origen semítico- en pos de hacer del nuevo hombre alemán un individuo que dependiera social, cultural y económicamente tan solo de ***productos*** efectivamente germanos.

Volviendo a **Dalmacio Negro** podemos servirnos de esta otra aseveración –en otros tiempos innecesaria por lo evidente- que desmonta una vez más las continuas contradicciones progresistas –en este caso del NSDAP- en tanto a que aquello que llamamos ***Europa*** no puede ni podrá entenderse sin aquello que llamamos ***cristianismo***.

"El cristianismo es la Constitución histórica de Europa   en el sentido propio de la palabra Constitución como término político: su alma, su forma -decía Aristóteles-, su Idea fundamental -diría Coleridge-, aquello que la constituye" **(Negro, D., 2015)**

Aquí merece cuanto menos una mención a las insalvables diferencias históricas y teológicas entre catolicismo/protestantismo, pero, de nuevo, la extensión del formato nos pide ceñirnos a lo que más nos compete.

El ecologismo y las facetas recogidas a pie de página en las biografías sobre la figura de Hitler –a saber, su vegetarianismo, rasgo no poco discutido entre historiadores- nos dan una perspectiva interesante y, tal vez, nos revelan por qué –hasta el comienzo de la guerra- medios tan influyentes como el *Time* nombraran a Adolf *Man of the Year* en su edición de 1938.

Si bien la revista ha refutado cualquier crítica de la mejor de las maneras, indicando que ya en su época que el nombramiento fue por completo una manifestación de repulsión hacia las políticas de Hitler (parodiado de forma sádica en la correspondiente portada), hemos de remarcar que nos encontrábamos en un tiempo donde -1939- la guerra estaba por comenzar y la defensa pública de un personaje como Hitler hubiera constituido menos que un acto de traición.

La pregunta correcta sería *¿Cuál era la impresión que vendían estos medios del Führer* **antes** *de que ocupara el trono del antagonista principal de la historia?* Para el *Cleveland Press*, en su edición del 31 de enero de 1933, el reciente ascenso del nazismo era concebido tal que:

> *"El nombramiento de Hitler como canciller alemán puede no ser tal amenaza a la paz mundial como parece a primera vista…En cualquier caso, es importante recordar que Hitler solo es un instrumento de los grandes industrialistas…*
>
> *…Aunque esos industrialistas sean nacionalistas, no es probable que permitieran A Hitler provocar una guerra extranjera en este tiempo"* **(Cleveland Press, 31-1-1933)**

Otros medios, como el *Philadelphia Evening Bulletin*, remarcaban en su edición del 2 de marzo del mismo año que:

> *"El gobierno de los EEUU resuelve que los Nazis han dejado de maltratar a los judíos alemanes…*
>
> *…Por un breve tiempo, hubo un "considerable maltrato físico" hacia los judíos por parte de las camisas pardas nazis de Hitler…*
>
> *Algunas tiendas judías fueron saqueadas y se discriminó a los profesionales judíos…*
>
> *Hitler, como líder del partido nazi, llamó a sus seguidoras a mantener la ley y el orden, y a evitar acosar a extranjeros, interrumpiendo así el comercio y creando embarazosos incidentes internacionales…"* **(Philadelphia Evening Bulletin, 2-3-1933)**

Esta actitud del *cuarto poder* para con Hitler, que evidentemente –con el paso de los años- se iría haciendo más y más antagónica, encierra una verdad subyacente que ya no oiremos a menudo: Hitler fue recibido con buenos ojos por gran parte de la prensa internacional; un hombre excéntrico, ecologista, progresista, un candidato perfecto para la reconstrucción de una nueva Alemania hasta entonces decadente tras su derrota en la Gran Guerra.

Hitler, además, asumió medidas tremendamente progresistas para su tiempo, celebradas por diversos sectores de la sociedad; medidas fáciles, populistas, de escasa repercusión, pero con unos muy gruesos beneficios propagandísticos: inspirado por el misticismo naturalista alemán del XIX, Hitler promovió el vegetarianismo, la agricultura sostenible, rozando una suerte de culto a la naturaleza. No en balde es el Tercer Reich el *"primer país verde"* que defendió el ecologismo desde una postura activa, explícita y directa en la historia de los estados modernos.

> *"El éxito de esta propaganda es abrumador. La gente no considera el contenido del supuesto nuevo evangelio; simplemente entienden que es nuevo y creen ver en este hecho su justificación. Como las mujeres dan la bienvenida a un nuevo estilo en la ropa solo para tener un cambio, el estilo supuestamente nuevo en política y economía es bienvenido. Las personas se apresuran a intercambiar sus «viejas» ideas por «nuevas», porque temen parecer anticuadas y reaccionarias. Se unen al coro que denuncia las deficiencias de la civilización capitalista y hablan con entusiasmo exaltado de los logros de los autócratas. Nada está hoy más de moda que calumniar a la civilización occidental."* **(Mises, L., 1940)**

Fue muy certero el análisis que ofreció Mises no solo de las estrategias hitlerianas en el ejercicio del poder, sino de la enorme corriente –por entonces aún *riachuelo*- que era **el desprecio absoluto a todo lo que presente el canon occidental**. Desprecio absoluto a la tradición por el mero hecho de ser *tradición* y no **vanguardia** o **progreso**.

El misticismo y la tradición pagana en la que inspiró Hitler su visión de una nueva nación pueden recordarnos a otros placebos que el progresista posmoderno empleará para –desde su laicismo militante- practicar una suerte de espiritualidad sin espíritu, a saber: los **horóscopos**, el **tarot**, la práctica –aún desde el ateísmo- de **rituales budistas, hinduistas**, etc. Lo importante, en suma, es -y será- separarse de la tradición cristiana europea.

La composición misma del partido nazi –NSDAP- y de la Alemania que estuvo en manos del mismo refleja perfectamente otro pilar del progresismo histórico: **la composición de una élite** que, dentro de una sociedad jerárquica ascendente, ejercerá de autoridad o –si se prefiere- **carcelera del poder gnóstico** que la situará y mantendrá por encima de las demás capas jerárquicas.

> *"Como dirigente de la propaganda del partido, me esforcé no solamente en preparar el terreno para el gran desarrollo ulterior de nuestro movimiento, sino que, gracias a un criterio radical en esta labor, me empeñé también por que la organización recibiera siempre los mejores elementos; pues cuanto más extrema y fustigable era mi propaganda tanto más atemorizados se sentían los débiles y tímidos, impidiéndose de esta suerte su ingreso en el núcleo central de nuestra organización. ¡Y bien que fue así!"* **(Hitler, A., 1925,219)**

Re-elaborando en *la idealización del Estado* que ya citábamos antes de la mano de Negro Pavón, tanto el progresismo actual como el nazismo se ponen de acuerdo para remarcar la importancia ante todo del Estado ante el individuo, que deberá venerarlo cual antaño se haría a una divinidad ya prácticamente proscrita.

> *"Terminado el servicio de las armas, el joven sano y poseedor de una intachable hoja de servicios será investido solamente con los derechos de la ciudadanía, y el documento que lo acredite habrá de ser considerado como el más importante de su existencia en esta tierra. Un alemán debe juzgar más honrosa la ciudadanía de su patria, aunque en ella desempeñe el oficio de barrendero, que la corona real de un país extranjero"*
> **(Hitler, A., 1925, 155)**

Así, el hombre nuevo alemán habría de ser un hombre que debe vida y fidelidad eterna a **Estado-Nación-Raza**, frente al hombre nuevo progresista, que deberá su vida al **Estado** en una nueva sociedad donde las naciones, razas, credos y todos los particularismos de la especie humana serán triturados; rescatados, eso sí, únicamente cuando haya que posicionarse en contra del arquetipo del hombre-católico-occidental, como acertadamente señalaba el Doctor Stchigel. Una contradicción irrecuperable del progresismo imperante.

De nuevo, permitiéndonos la licencia del psicologismo al acercarnos al final de este apartado, **la vida privada de Hitler** no es un rasgo a descartar, asimismo, tomando en cuenta **el enorme culto al líder** que supuso para con los germanos de su tiempo; un hombre desapegado de su familia, más cercano a la compañía animal que a la de sus coetáneos, que no se casó –según la versión que se cuente- hasta horas antes de quitarse la vida.

Es decir, una imagen proyectada de hombre célibe, liberado de las cargas de una vida doméstica y dedicado en cuerpo y alma a la sublimación del Estado cuyos planos ya se dibujaban en su *Mein Kampf* de 1925. Hitler se presentaba a los alemanes como un hombre libre de sus cargas corporales, con su aparato propagandístico ocultando del pueblo alemán su relación con Eva Braun. En definitiva, un hombre que rompía con la tradición precedente, elevándose, así como símbolo del *progreso* y ejemplo a seguir por todos los alemanes.

Todos estos rasgos, en su cómputo, nos dibujan tal vez un paisaje más esclarecedor de lo que las medidas progresistas –o la creencia fanática en ellas- pueden hacer y han hecho en las sociedades históricas del pasado. Si bien separan un buen trecho a la progresista socialdemocracia escandinava de la progresista Alemania del Tercer Reich, hemos de señalar, aún con todo, aquello que sí comparten.

La extensión de este análisis no reniega de sus superficialidades dadas las comprensibles limitaciones del medio que nos ocupa y los abundantísimos apartados a tratar para una evaluación que se precie completa; no obstante, debería ser y será analizada en mayor profundidad en posteriores trabajos, desde aquí animamos humildemente a ello.

Como broche final, y habiendo remarcado **la concepción del progresismo de**

la sociedad como una jerarquía ascendente (donde la acumulación y exclusividad del conocimiento dará la prevalencia de unos sujetos sobre otros) rescatamos de una fuente insospechada una crítica a estos mismos principios.

Dos años y medio antes del atentado que acabó con su vida, en abril de 1961, el presidente de los EEUU se posicionaba así frente a *las sociedades/élites gnósticas* y la aplicación de sus metodologías por parte del Estado:

> *La misma palabra "secretismo" resulta repugnante en una sociedad abierta y libre; y estamos como pueblos inherentes e históricamente opuestos a las sociedades secretas, a los pactos y procedimientos secretos. Decidimos hace mucho tiempo que los peligros de la excesiva y no-garantizada ocultación de sucesos pertinentes supera por mucho los peligros que citan para justificarla.*
>
> *Incluso hoy, hay poco valor en oponer la amenaza de una sociedad secreta a través de la imitación de sus restricciones arbitrarias. Incluso hoy, hay poco valor en asegurar la supervivencia de nuestra nación si nuestras tradiciones no sobreviven con ella. Y hay un muy grave peligro en que el anunciamiento de una necesidad de incrementar la seguridad sea utilizado por aquellos ansiosos de expandir su uso hacia los mismísimos límites de la censura oficial y su encubrimiento.*
>
> *No pretenderé permitir esto en la medida en la que esté en mi control. Y ningún oficial de mi administración, sea alto o bajo, civil o militar, deberá interpretar mis palabras esta noche como una excusa para censurar las noticias, para reprimir la disidencia, para cubrir nuestros errores para con la prensa o negar al público los hechos que merecen saber.*

Presidente John F. Kennedy
Hotel Waldorf-Astoria, Nueva York
27 de Abril de 1961.

BIBLIOGRAFÍA:
FitzGerald Kennedy, J. (1961) *Address before the American Newspaper Publishers Association.* *http://www.jfklibrary.org/archives/other-resources/john-f-kennedy-speeches/american-newspaper-publishers-association-19610427*

Hitler, A. (2003) ***Mein Kampf.*** Colección *Ave Fénix Histórica* n°16. Barcelona, **España.**

Negro Pavón, D (22 de febrero de 2015)**.** Ciclo de conferencias *Europa:* ***Raíces, Identidad y Misión.*** Fundación Foro San Benito de Europa.

Rousseau, J. J. (2013). ***El contrato social.*** Ediciones Plutón. Barcelona, **España.**

Stendal Martin, Russel (2016) ***La Biblia del Jubileo.*** Editorial ANEKO. Madrid, **España.**

Von Mises, L, (2004) ***Interventionism,*** *an Economic Analysis. Edición Online del **Ludwig von Mises Institute.***

ENSAYO V: EL ANTIFEMINISTA

Por Orifiel Sainz Cervantes

México

EXPROPIACIÓN DEL DISCURSO

Hablar de antifeminismo a día de hoy es como ser el anticristo, declararse antifeminista causa tanta polémica como la que causó Nietzsche con aquel libro… *El anticristo*, nadie se atreve a dudar del omnibenevolente feminismo. ¿Por qué nadie cuestiona el feminismo?

Al tocar uno sobre la disidencia en este tema debe hacerlo con cautela, pues se tiende a la malinterpretación y a la tergiversación. Estos movimientos expropian las verdades absolutas en sus discursos, se presuponen benevolentes y cualquier disidencia se toma como algo negativo que hay que censurar y cuestionar, si dices que no estás de acuerdo con el feminismo, el mundo te lanza la interrogante ¿por qué no?, hoy yo quiero lanzar al mundo la interrogante ¿por qué sí?

El feminismo como parte del movimiento progresista se encuentra ahora en una batalla cultural, por la expropiación y el monopolio de las ideas y la cultura. Pues quien controla las ideas controla la mente, y quien controla la mente lo controla todo en la cultura. Esta guerra comienza por apropiarse del lenguaje, y parafraseo a Nicolás Márquez, el lenguaje es una herramienta para forjar desconcierto y ganar terreno en la batalla psico-politica. ¿Cómo?, permeando su ideología a través del inconsciente colectivo, y cito al dúo Segura-Stchigel (2020). *Nadie piensa si no es a partir de su experiencia de vida. Y nadie tiene una experiencia de vida sino es a partir de pensamientos que no le son propios, pues están en el aire.*
En el aire del lenguaje y sus saberes implícitos…¨

EL FEMINISMO ES POPULISTA.

Imponen un discurso, el único discurso, el de la verdad suprema y absoluta. Y suprimen al instante cualquier ápice de discurso ávido de disidencia. Michel Foucault (2016) *¨el discurso no es simplemente aquello que traduce las luchas o los sistemas de dominación, sino aquello por lo que, y por medio de lo cual se lucha, aquel poder del que quiere uno adueñarse¨*, el autor plantea que quien maneja ¨el discurso¨ se hace con el poder y con los sistemas de dominación.

El feminismo es un populismo, según el dúo de escritores Kaiser-Álvarez (2016), *¨el discurso populista ataca fundamentalmente el sistema emocional, explotando diversas emociones: la esperanza, el resentimiento, el odio, el deseo de surgir, la* *sensación de justicia, la empatía con el que sufre, etc. Apela, mediante el lenguaje simple y básico, a emociones e intuiciones espontaneas".* Es aquí que se aprovechan de los tres informes que la autora Esther Vilar (1975) menciona en su libro *El varón polígamo*:

- Informe sumario: relatos trágicos individuales que declaran como casos modelo.

- Informe insider: mujeres que hablan de lo mal que se sienten y creen que una minoría representa a toda la población.

- Informe binario: solo se cuenta la mitad de un hecho, ocultando la otra mitad.

De esta forma pintan un mundo en blanco y negro, donde todas las pobres mujeres son víctimas y blancas palomas, y todos los hombres son machistas opresores y potenciales violadores feminicidas, promoviendo con esto el odio hacia los varones, apelando a la empatía con las indefensas mujeres, ocasionando una división mediante el odio. Se apropian y monopolizan un discurso de odio, a la vez que ganan empatía y adherencia de mucha gente que, por supuesto apoya y protege a las pobrecitas mujeres, como ya lo dijo Foucault (2016), dominan el discurso y obtienen poder, con este poder censuran y oprimen a los disidentes, se convierten en la ¨policía discursiva¨, controlan y delimitan el discurso como sistema de exclusión.

El feminismo es tan populista como los políticos que describen Axel y Gloria (2016) en su libro *El engaño populista*. El populista es un separatista, dividen a la sociedad en buenos y malos donde el pueblo que son los buenos están a favor del político y los que están en contra son el antipueblo, o sea los malos, mediante este discurso se radicalizan y dictan ¨si no estás a favor, entonces estás en contra¨ (Andrés Manuel López Obrador es el vivo ejemplo de este discurso), el feminismo hace exactamente lo mismo, polarizan a la sociedad, las feministas son las buenas, las mujeres y hombres que no compartan la ideología estarán en contra y serán los malos, es muy importante para el político populista crear (inventar) una *oposición*, un enemigo (imaginario) para justificar su incompetencia y que el movimiento tome fuerza, (Andrés Manuel por ejemplo, su enemigo principal, el gran malvado que arruina todos sus ´benéficos´ planes es Felipe Calderón y el neoliberalismo, y todos los que no lo apoyen, son *neoliberales*), el feminismo por su parte su enemigo principal es *el patriarcado*, y todo ser humano que no apoye el feminismo es un *machista o alienada/o*, y cuando todo les sale mal, la culpa, claro, es del *neoliberalismo*, así con las feministas, todo es culpa del *machismo*. En fin, las similitudes son bastantes, tanto en el discurso como en la incompetencia y la inutilidad para la resolución de problemas.

EL FEMINISMO ES NAZISMO.

El progre, pues, se convierte en el racista posmoderno, en progre-racista. Las feministas progres son el equivalente al machista, una suerte de hembrismo resentido, transforman su misoginia en misandria. Mediante su discurso antimachista expresan su repulsión por el hombre macho. Entonces, es pues son hembristas con el machista, es decir, racistas con el racista, intolerante con el intolerante. Pero entonces ¿no los convierte esto en exactamente lo mismo contra lo que ¨pelean¨?, si eres intolerante con intolerante, pues, eres igualmente intolerante, eso no te hace mejor, sino peor, pues hipócritamente escondes tu intolerancia bajo el velo de lo correcto. Es decir, buscas maneras legales y socialmente aceptadas de ser un hijo de puta. ¿Con estas amigas feministas, quién necesita machistas?, como dice Orwell, corrompen el pensamiento, mediante la manipulación y privatización del discurso.

Y cito a Laje (2016), *¨la izquierda hegemonizó las aulas, las cátedras, las letras, las artes, la comunicación, el periodismo, y, en suma, secuestró la cultura y con ello modificó en mucho la mentalidad de la opinión pública: la revolución dejó de expropiar cuentas bancarias para expropiar la manera de pensar¨*. Claro, ¿quién se atreve a cuestionar el al benévolo feminismo?, ni si quiera pasa por la mente cuestionarlo, simplemente se asume, en fin, pues la mayoría lo apoya, ¿por qué he de estar yo en contra?, dice Erich Fromm (1976), *¨se supone ingenuamente que el hecho de que la mayoría de la gente comparte ideas y sentimientos demuestra la validez de estos. La validación consensual, como tal, no tiene nada que ver con la razón¨*. Lo que el autor quiere decir es que el hecho de que una horda de imbéciles digan que el pasto es morado, no convierte al pasto en morado, decir que sí es la fórmula perfecta para el caos y el fin de la democracia, ¿qué pasa si la masa desea políticas extremistas y radicales?, ¿no fue eso lo que pasó en Alemania con los nazis?, ahora cobra un poco de sentido el por qué les llaman peyorativamente ¨feminazis¨ aunque opino que eso es más peyorativo para los nazis que para las feministas, aunque el actuar y el pensar es muy similar en un montón de cosas.

La principal es su delirante lucha, los nazis luchaban contra los maléficos judíos, y las feminazis pelean contra los malvados machistas y su patriarcado. Ambas cosas tan delirantes como paranoicas. Permítaseme aquí editar para los presentes fines el texto de Zizek (2013), de su libro *El acoso de las fantasías*, página 112. Donde habla de los judíos y el antisemitismo, cambiaré, pues, las palabras del texto original *judío* por *hombre*, *patriarcado* o *machismo* y *antisemita* por *feminista*.
Con la finalidad de ilustrar la simetría entre el feminismo y el nazismo.

La no-existencia misma del *machismo* en la realidad funciona como el argumento principal para el *feminismo*. Es decir, el discurso *feminista* construye la figura del *patriarcado*, como identidad fantasmal que no se encuentra en la realidad, y utiliza esta misma brecha entre el *¨macho* conceptual¨ y la realidad del *hombre* verdaderamente existente como el mayor argumento contra los *hombres*. Así, nos encontramos en una especie de círculo vicioso: mientras más normales aparenten ser las cosas, más sospechas despiertan y más nos domina el pánico.

Así, pues, siguiendo la pauta zizeksiana, la no existencia del famoso patriarcado, despierta una ansiedad intolerable en esta gente cuya paranoia raya en la esquizofrenia, la inexistencia del macho patriarcal representa el falo (materno) no existente (en la realidad) en estas mujeres castradas. Rechazan el falo real y lo repugnan, odian a los hombres reales, lo cual, muestra su envidia del pene; en tanto buscan el falo simbólico en el Estado, anhelan su acogida y protección. Pues el Estado es la representación simbólica del padre, y en su neurosis edipiana desean el falo de su padre, por eso recurren al Estado para pedir derechos, leyes y protección. Es la ¨paradoja del padre ausente-presente¨ de Lacan, cuanto más ausente sea el padre físicamente más presente será en lo simbólico. La ausencia ya sea física o emocional de la figura paterna es lo que arroja a estas pobres mujeres neuróticas a las calles a insultar a los hombres y a exhibirse.

EL FEMINISMO ES CLASISMO.

Ya decía la feminista Simone de Beauvoir (1981), *¨si son burguesas, son solidarias con los burgueses y no con las mujeres proletarias, si son blancas, con los blancos y no con las mujeres negras¨*. Todo se resume a esta simple lucha de clases, a la feminista de clase alta le importan una mierda todas las violaciones y muertes de las mujeres pobres, al contrario, las usan y le conviene que se sigan violando y matando para así seguir obteniendo beneficios de financiamiento y políticas de género para la clase media alta. ¿A cuántas mujeres proletarias van a salvar de una violación con leyes de cupo en el senado?, a la feminista de clase alta le interesa un cacahuate la vida de la mujer de clase baja, ella quiere poder, dominio y venganza contra el hombre de clase baja. Es el hombre de bajos recursos quien padecerá las leyes de violencia de género y de la abolición de la presunción de inocencia. Aunque no salven con ellas ninguna vida. No desean erradicar la violencia, ¿a quién van a ayudar los altruistas sino hubiera pobres? dice Oscar Wilde (citado por Zizek, 2016).

　　¨Van de almas bellas que se sienten superiores al mundo corrupto mientras participan en él: necesitan este mundo corrupto, pues es el único terreno en el que pueden ejercer su superioridad moral¨ -Slavoj Zizek (2016). Su fachada es la de ayudar a la pobre mujer violentada, y lo harán siempre y cuando la mujer sea de la burguesía, pues si esta es de la prole la mantendrán violentada como símbolo y estandarte, su lucha clasista es hostil con el proletario, no quieren que nazcan los pobres, hay que abortarlos dicen. En adelante, la línea que divide el acoso del halago será el nivel socioeconómico. El hombre de bajos recursos es el arquetipo del macho maltratador, golpeador y violador. Mientras que el millonario sádico es el modelo de hombre que la mujer moderna busca, en otras palabras, estigmatizan y demonizan la violencia en las clases bajas, mientras que la romantizan en las clases altas. El ideal femenino aspira al segundo hombre, un millonario, político, empresario o sicario que las someta, pero sobre todo que las mantenga y las llene de lujos. A pesar de toda la lucha feminista de antaño, de poco ha servido generar la igualdad, la mujer moderna no quiere competir con el hombre por un puesto de trabajo, lo quiere fácil y sin esfuerzo, la mujer promedio no desea

estudiar, trabajar y superarse, desea a un hombre de más estatus que ella para que la mantenga. Esta romanización de la violencia elitista se ve reflejada en el enorme éxito que tienen las narcoseries y filmes como los de *50 sombras de Grey (2015)*, y el más reciente *365 días (2020)*. El común denominador de estos filmes tan populares entre las mujeres es el mismo, un hombre con mucho poder que somete a una mujer y se gana su amor a cambio de cogérsela durísimo, regalos caros y lujos. En su libro *El acoso de las fantasías*, según Zizek (2013), las fantasías realizan sus deseos de forma alucinatoria, es decir, todas estas mujeres viven su fantasía a través de estos filmes, donde se colocan a sí mismas como la protagonista, su deseo es ser sometidas, pero también mantenidas. Aquí el autor habla del ¨escenario antifeminista del masoquismo femenino¨, y dice: las mujeres disfrutan secretamente el ser tratadas brutalmente.

LA IDEOLOGÍA DE GÉNERO Y EL SEGUNDO SEXO.

Simone de Beauvoir (1981) a pesar de ser feminista, poseía un odio manifiesto hacia el sexo femenino y una gran misoginia, apenas abrir su libro ya nos encontramos con un texto que dicta lo siguiente ¨*si alguna retardada se considera todavía mujer, sus amigas le aconsejan que se psicoanalice para liberarse de esa obsesión*¨ pg. 10. La autora abre diciendo que no hay que sentirse mujeres, pues la mujer no nace, sino que se hace a partir de un sistema patriarcal. Y empieza a describir de una manera muy particular desde un aspecto biológico las relaciones entre macho y hembra de distintas especies.

> La hembra en celo tiene un carácter pasivo, pues está dispuesta a recibir al macho, le espera… ella lo solicita, pero se limita a dirigirle un llamado por medio de gritos, paseos o exhibiciones.
>
> …el macho se impone… muy a menudo la hembra lo soporta con indiferencia, y hasta se resiste. Sea ella provocadora o consentidora, de todos modos, es el macho quien la toma: ella es tomada… ya sea por poseer algunos órganos adaptados o porque es el más fuerte, el macho la toma y la inmoviliza… Ella aparece así, como una interioridad violada… el macho se realiza como actividad. Su dominación se expresa por la actividad del coito: en casi todos los animales, el macho está sobre la hembra… la hembra sufre el coito. Pg. 45 y 46.

Podemos comentar varios aspectos de este escrito, empezando por el momento en que dice que todo coito aunque sea consentido implica una violación, discurso radical feminista no poco común hasta la fecha, después dice que la dominación del varón se expresa en cómo en casi todas las especies el macho coge arriba de la hembra, de hecho menciona, ¨*…en el transcurso de las relaciones sexuales, la postura del coito, que coloca a la mujer debajo del hombre, es una humillación*¨, este es otro discurso feminista radical, ahora te dicen hasta la manera en cómo tienes que cogerte a tu pareja para no ser un machista opresor, pero llama un poco más la atención para el psicoanálisis la parte en la que dice que la mujer solicita al hombre exhibiéndose para después soportarlo con indiferencia, ¿no se pasa la mujer moderna promedio exhibiéndose en redes sociales en busca de un *Sugar Daddy*?, las famosas instagramers, mostrando sus atributos femeninos (el culo y las tetas), a fin de conseguir un sustituto de su padre, que las mantenga para después soportarlo efectivamente con indiferencia, ya que se casan por interés y no por otra cosa. Llama también la atención esa parte donde dice la autora que la hembra solicita al macho por medio de gritos, paseos y exhibiciones, ¿no es exactamente lo que hacen las feministas? Salen a las calles a gritar, marchar, exhibirse y solicitar al Estado. Sigmund Freud las diagnosticaría como histéricas, histeria o psicosis generada a partir de una exagerada represión sexual, Anna Freud diría que su histeria se origina a través de la represión de sus impulsos genitales asociados al complejo de Edipo, o que algunas son neuróticas por la represión de impulsos sádicos. *"Marchas, agitación y estallidos de energía debido a la histeria debida al sexo reprimido"* George Orwell (2019).

Beauvoir (1981) continúa diciendo que después de ser violada, la hembra mamífera sufre un tormento mayor que toda especie; el enorme tormento de ser fecundada, llevar en su vientre al feto, gestarlo, parirlo y amamantarlo. Llamándole ¨la servidumbre de la maternidad¨. Después de describir un montón de especies donde el macho es asesinado inclusive devorado por la hembra, la autora dice que aun en esos casos la hembra sufre más por las posturas rígidas y agotadoras por las que debe pasar el animal después de la fecundación y por dedicar su vida a la maternidad. Inclusive menciona que, aunque las mujeres viven muchos más años que los hombres, éstas son más enfermizas. Este victimismo femenino es muy común, visto en Hillary Clinton al afirmar que las mujeres son quienes más sufren por las guerras pues pierden a sus seres queridos, como si esos seres queridos que murieron no fueran las principales víctimas. En todo el discurso feminista está presente este victimismo, ¨nos están matando a todas¨ dicen, cuando en general mueren diez veces más hombres. Ese victimismo en psicoanálisis se llama masoquismo moral y consiste en provocar sentimientos de compasión en el otro mediante su impotencia. Carlos Castilla del Pino (1976).

La exhibición del sufrimiento y de la miseria tiene por objeto, pues, hacer sufrir, y de esta forma mediante una suerte de chantaje, obtener la dependencia del objeto que le procura el sufrimiento.

La continuación cotidiana de la exhibición, suscita la agresividad del *partenaire*, bien bajo una forma directa o indirecta del rechazo: por ambas vías el masoquista cierra el círculo de su buscada miseria, que una vez más proyecta, culpando al objeto como único provocador de la misma. – *Introducción al masoquismo*.

Hablando de exhibiciones, permítaseme citar a Anna Freud (1986).

El exhibicionismo femenino deriva de la envidia del pene. Su necesidad de mostrar algo las hace desplazar de los genitales al resto del cuerpo… sustituyen las posibilidades del pene. Sufren una exigencia obsesiva de mostrar el órgano inexistente. Esta compulsión la expresan exhibiéndose…

…Es común que la mujer se torne cruel y vengativa debido a este complejo, o se torne compasiva como enmascarando los reales sentimientos. –*El Yo y los mecanismos de defensa*.

Hasta aquí se desvelan un par de cosas, el exhibicionismo victimista del feminismo a causa de su masoquismo moral que parte de la raíz de sus fantasías inconscientes de ser sometidas, y su exhibicionismo revolucionario que parte del odio hacia el varón, el cual deriva de un odio hacia el padre que a su vez deriva de un odio a sí mismas como lo veremos a continuación. En la cita de Anna Freud, llama nuestra atención donde la autora menciona que la mujer se torna compasiva enmascarando sus verdaderos sentimientos crueles y vengativos. Es un mecanismo de defensa que la autora llama *conversión en lo contrario*, pasa con el altruismo que en realidad esconde un sentimiento inconsciente de destrucción. Mediante este mecanismo se puede descubrir la gran farsa feminista, su supuesta lucha altruista y solidaria con las mujeres, dicen luchar por amor a las mujeres, pero la verdad es que luchan por odio no sólo hacia las mujeres mismas sino hacia la humanidad entera, odio que deriva de un autodesprecio. Según el lenguaje lacaniano, un enunciado se estructura en dos tiempos, donde se sigue un juicio negativo a partir de la inversión del valor del verbo y del género (*Escritos 2, Lacan, 1984*). ¨la amo¨ invirtiendo el valor del verbo querría decir ¨la odio¨, si se invierte el género, la feminista diría ¨lo odio¨ (al padre), siguiendo con la inversión de los sujetos, la feminista diría ¨él me odia¨ y ¨yo me odio¨. Según Lacan el inconsciente está en el lenguaje, y mediante él podemos descubrir los verdaderos sentimientos, deseos e intenciones del sujeto. En el caso Aimée de Lacan, descrito en *Lacan El psicoanálisis del lenguaje y del imaginario (2017)*, se nos ilustra cómo una paciente de Lacan incapaz de admitir el odio que siente por su hermana, quien era más virtuosa que ella, virtudes que ella no llega a conseguir. Aimée paranoica por reprimir sus sentimientos hostiles ocasionados por la envidia que le tiene a su hermana, desplaza (el desplazamiento es otro mecanismo de defensa que Anna Freud describe) ese odio hacia otras mujeres. Pero ese ataque hacia otras personas en realidad equivale a agredirse a sí misma. Es lo que Lacan llama ¨paranoia de autocastigo¨. Aquí es donde echamos un poco de luz hacia el inconsciente feminista, envidian a las mujeres más bellas por su sentimiento de inferioridad y las llaman alienadas, su odio hacia otras mujeres lo subliman en un supuesto altruismo hacia las mismas por no someterse a su movimiento y estándares de fealdad, ese odio hacia las mujeres lo vuelven en odio hacia los hombres (muerte al macho, mata a tu padre, a tu novio y a tu hermano), mismo odio que deriva del odio hacia el padre, y que todo toma raíz del odio hacia sí mismas y sus sentimientos autodestructivos.

Volviendo a la autora de *El segundo sexo*, propone, pues, que la mujer debe reivindicar y afirmar su individualidad en tanto que abdique a la maternidad, su misoginia victimista es muy presente en su obra, al argumentar que el macho es activo, dinámico, fuerte e independiente; robusto, aventurero, exitoso y trascendente. Degradando el rol de la hembra a un ente pasivo, sufrido, agraviado, dependiente, frágil y débil. Todo el primer capítulo se la pasa argumentado desde la biología cómo es que el varón es superior en todo a la mujer. Lo llama ¨la tiranía de la especie¨, y dice que la naturaleza misma es opresiva, reniega de ser mujer, por menstruar, embarazarse y parir. Así Beauvoir, todo su libro lo extrapola pintando un escenario en blanco y negro, resaltando las virtudes masculinas vs las desventajas femeninas.

Imagine el lector un movimiento masculinista, citando a Valverde (1975). *"El mundo es un matriarcado y la víctima histórica ha sido por los siglos de los siglos, el eterno enamorado y apasionado varón"*. Revindicando al hombre de la misma manera que las feministas, su discurso seria el siguiente: Nos están matando a todos, mueren 500 mil hombres al año, nos jubilamos cinco o diez años después que las mujeres, vivimos más hombres en situación de calle, la mayor parte de la riqueza se encuentra en las mujeres, los hombres morimos en las guerras, las mujeres tienen más fácil las pruebas de reclutamiento, hay leyes de cupo para mujeres, la ley de violencia de género favorece a las mujeres, todo el sistema legal favorece a las mujeres, el sistema social favorece a las mujeres, el hombre se parte el lomo trabajando mientras la mujer se queda en casa, los hombres vivimos diez años menos en promedio, la violencia hacia el varón es invisibilizada, nos oprime el tener que cortejar a las mujeres y pagar todas las cuentas, no somos cajeros automáticos, las mujeres nos violentan psicológica, emocional y verbalmente, el chantaje mediante el sexo nos oprime... *"Ella doma al hombre con trucos traidores para hacer de él un esclavo sumiso, y luego lo lanza a la vida hostil para que gane dinero. Como contraprestación pone la vagina a su disposición a intervalos regulares..."* -Esther Vilar (1992), *El varón domado*. Las mujeres nunca mantienen a un hombre, nunca sacan a flote a una familia. En cambio, las mujeres gozan el privilegio de ser veneradas en todas las culturas, tienen el magnífico don de crear vida en su vientre, son sensibles e intuitivas, tienen muchas más habilidades emocionales, son más creativas y empáticas, ellas no tienen que trabajar y cargar con la responsabilidad de mantener a una familia, la sociedad no les impone estándares socioeconómicos como el tener que ser exitosas y ricas para poder ganar estatus y así poder cortejar a un hombre. La especie es opresora con los machos, los cuales están obligados a competir contra los de su misma especie y a sobresalir entre ellos para poder ser seleccionados por la hembra y así lograr aparearse, el pájaro está obligado a cantar mejor, el pavorreal a ser más colorido y llamativo, el león a ser más fuerte y majestuoso, y el hombre a ser más rico, poderoso, atractivo y exitoso. ¿Ven que ridículo es? ¿Se imaginan lo estúpido y ridículo que sería un libro bajo estos argumentos?, el mundo no es blanco y negro.

En la página 54, Simone de Beauvoir (1981) continúa diciendo <<*...puede suceder que el niño muera, y también que al nacer mate a la madre o le provoque una enfermedad crónica. La lactancia también es una servidumbre agotadora... las mujeres ¨tienen enfermedades en el vientre¨, y es verdad que encierran dentro de sí un elemento hostil:*

la especie, que las roe>>. Si esto no es un discurso de odio entonces no sé qué sea, este icono feminista, no solo reniega de la naturaleza femenina como una maldición biológica de la especie opresora, sino que etiqueta a todo varón como violador, y a todo hijo como una enfermedad asesina. Claro, con razón es que nos llaman a todos violadores y es que quieren despenalizar el aborto. Estas mujeres sumamente ideologizadas no se mueven por el amor, su móvil es el odio arraigado. El feminismo es un movimiento de odio.

Según la autora, seria hasta la menopausia cuando la mujer se viriliza y entonces se libera de la servidumbre de ser hembra, goza de un equilibrio, salud, y vigor. *"La mujer es mujer por falta de virilidad"* dice. Se esfuerza con bastantes argumentos en describir al hombre como sumamente superior a la mujer, y plantea que una alternativa de las mujeres para emanciparse ante este complejo de inferioridad es virilizarse (o tener un hijo, que representa el sustituto del pene), tomar control de los medios de producción y deslindarse de los trabajos del hogar, bueno, no hace falta explicar mucho sobre esto, pues no solamente es un objetivo manifiesto adquirir el control de los medios de una manera regalada y sin esfuerzo, sino que cada vez menos mujeres se dedican al hogar mientras que el hombre se dedica cada vez más a este, no sólo tratan fervientemente de masculinizar a las mujeres, sino que también feminizan a los hombres, esto solo invierte los roles y tampoco resuelve el problema, sino que también lo empeora.

La mujer es más débil que el hombre... A esa debilidad se agregan la inestabilidad, la falta de "control" y la fragilidad de que hemos hablado: éstos son hechos. Por lo tanto, su aprehensión del mundo es más restringida, y tiene menos firmeza y perseverancia en estos proyectos que también es menos capaz de realizar. Esto quiere decir que su vida individual es menos rica que la del hombre.

...la "debilidad" sólo se revela como tal a la luz de los fines que el hombre se propone, de los instrumentos de que dispone y de las leyes que se impone. Pg. 58

La escritora plantea que el hombre es muy fuerte y competente, que bajo esas capacidades creó un sistema político y económico basado en competencias meramente masculinas, y que la mujer es débil, con inestabilidad emocional y psicológica, y que por lo tanto es incompetente en dicho sistema. Lo más triste es que la feminista moderna asume esa incapacidad femenina y es por eso que a coste de no competir con el varón, pide cuotas de género. El hombre es fuerza productiva y la mujer fuerza reproductiva dice la filósofa, dice que el hombre y la mujer son irreconciliables e incompatibles, no pueden coexistir de ninguna manera sino a costa de uno imponer su voluntad sobre el otro. Y puesto que el sistema capitalista según ella es un sistema impuesto por la voluntad y capacidades del hombre, la autora propone una suerte de socialismo primitivo, una especie de matriarcado permisivo donde tanto la propiedad como los hijos sean comunes, la familia no existiría, pues es el origen del capitalismo patriarcal. Sería una sociedad polígama, habría poliandria, pedofilia e incesto. Todo estaría permitido en esta sociedad de moral matriarcal. Se lamenta la autora de que sólo las sociedades de derecho paternal han evolucionado técnica e ideológicamente.

Imagine el lector esta sociedad ideal (del feminismo), hijos teniendo sexo con sus madres y hermanas, hijas con sus padres y hermanos, adultos con niños, la sociedad más libre sexualmente, a la cual nos dirigimos y que ya planteaba

Marcuse (1983). Efectivamente sería el fin del capitalismo, pues ya se sabe a partir de pruebas científicas e históricas que la reproducción entre familiares da paso las malformaciones, nacen hijos deformes y con múltiples enfermedades genéticas y degenerativas. Sería una sociedad de gente enfermiza, deforme y retrasada mental. Y no sólo eso, sería una sociedad primitiva y salvaje, pues según Freud la sublimación de instintos sexuales en la infancia es lo que genera todo el pensamiento creativo del niño, un niño prematuramente sexualizado no canalizaría su libido y se volvería idiota además de salvaje. Esta es la razón por la cual una sociedad de derecho matriarcal no evolucionó, porque simplemente no puede evolucionar, es involutiva.

Pero piense un momento el lector y preocúpese un segundo, la hipersexualización de los niños ya está vigente, no sólo mediante el bombardeo mediático de imágenes explicitas y subliminales, sino con la educación y las leyes de los derechos sexuales de los niños. Todo es una larga agenda hacia una sociedad pervertida y degenerada, el movimiento LGTB... con sus más de 150 géneros, algo totalmente absurdo y peligroso, Beauvoir, diversas feministas e ideólogos del género dicen que el ser humano es una hoja en blanco en la cual la cultura puede escribir cualquier cosa, y el sistema patriarcal se ha encargado de escribir que solamente hay dos géneros (hombre y mujer), estos ideólogos del género se encargan de reivindicar la autopercepción, es decir, yo soy lo que me percibo ser y no lo que dicen mis genitales, ni lo que dice el patriarcado; entonces se reivindican bajo esta premisa los homosexuales, las lesbianas, transgéneros y todos los del movimiento de las mil letras. La premisa es peligrosa por sí misma, si soy lo que me percibo, entonces puedo ser cualquier cosa y exigir mi derecho a serlo, y que se me trate como tal.

¿Qué pasa si yo me autopercibo como un semidiós? ¿Puedo reclamar mi legítimo derecho de ser tratado como tal? ¿Es ridículo cierto?

Y así bajo esta primicia, se reivindican los llamados transespecie, personas que se autoperciben como animales, los transedad, adultos mayores que se perciben como niños, y si se perciben como niños, entonces son niños, y como los niños tienen derechos sexuales, ¿les da eso derecho a tener relaciones sexuales con niños?, luego el movimiento MAP, que reivindica la pedofilia. Y cito a Nicolás Márquez (2016), *"sin embargo los niños no deben estar para satisfacer el disfrute de una minoría sexualmente sindicalizada"*.

Piense el lector por otra parte, en la moral matriarcal permisiva, de la que habla la autora, ¿no es esa misma moral la que se nos ha ido permeando poco a poco?, moral apoyada por psicólogos y gobiernos, moral creadora de los niños burbuja, frágiles y que quieren todo fácil. En efecto esta es una lucha cultural, y nos han ido atacando de manera discreta por muchísimos flancos. Dice Maquiavelo (2019) que la tisis al principio es fácil de erradicar, pero difícil de detectar, pero cuando avanza es muy fácil de detectar, pero difícil de curar. ¿Qué tan avanzada está esta tisis? ¿Podemos erradicarla aún?

Propuesta

Criticar sin proponer es improductivo y estéril. Así que trataré de dar una propuesta que al menos pueda contribuir a una solución del problema. Simone de Beauvoir a lo largo del primer capítulo de su libro expresa que la mujer no se vive como mujer, la describe como un ente enajenado que no se experimenta a sí misma, que es un ente en busca de identidad. Eso es algo grabe, y si es verdad que la mujer se siente alienada y oprimida por el sistema social y su naturaleza biológica, creo que están en todo su derecho de buscar esa identidad, más no creo que la encuentren copiándosela a los hombres, ni imitándolos o virilizándose como ella así lo sugiere. Creo en la igualdad de oportunidades, pero no nos considero iguales, creo firmemente que las mujeres tienen muchísimo potencial, no tienen que ser iguales a nosotros, pueden ser mejores siendo únicas. Erik Erikson (1993) habla sobre la igualdad de derechos para ser efectivamente únicos, *"la resistencia frente a esta consideración surge siempre de hombres y mujeres que están profundamente atemorizados ante la posibilidad de que, al acentuar lo que hay de único en ambos sexos se pueda tender a reacentuar lo que es desigual"*, es decir, mientras haya igualdad ante la ley y no se prive a nadie de su derecho, hombres y mujeres pueden explotar sus capacidades y ser únicos aunque esto ser diferentes, invita a la aceptación de las diferencias. Si lo que Beauvoir dice es cierto, imagino entonces a una mujer libre que pueda crear su propia tabla de valores, y se convierta en una especie de Supermujer, al estilo nietzscheano. Aunque creo que la solución se encuentra en la cooperación y no en el pleito, resolver el problema con amor y no con odio, con paz y no con guerra. Si la batalla es cultural y en el plano de las ideas, entonces demos esa batalla dignamente. De igual forma invito a las feministas a que hagan trabajo de introspección y autoanálisis, terapia psicológica. Puede que la mayoría estén sufriendo, y les deseo el bien, no promoveré aquí el odio, sino el amor. Como dije, la batalla es contra las ideologías, no contra las personas, así que invito a la razón, para Freud el porvenir del bienestar humano se encuentra usando la razón, la ideología es antirazón. Usemos nuestro intelecto sin imponer ideas, promoviendo el pensamiento crítico y aceptando disidencias y puntos de opinión diferentes, como dicen Stchigel y Segura, *"no somos evangélicos que traigamos una buena nueva. Sólo arrojamos una botella al mar desde esta isla hecha más de dudas que de certezas"*, pues ese es el principio del saber, el dudar y el cuestionarlo todo, hasta lo más sagrado, pues no existen verdades absolutas, y quien las acepta se arriesga a pasar por tonto toda su vida.

Ningún hombre es una isla, somos parte de una sociedad, y nuestro deber es participar en ella. Las problemáticas sociales nos conciernen a todos, y nuestra responsabilidad es dejar la apatía y participar activamente en la resolución de dichos problemas y dejar de esperar que se solucionen solos o esperar a que otros lo hagan.

Bibliografía:

Aprende la Psicología. (2017). El psicoanálisis del lenguaje y del imaginario. España: Editorial Salvat.

Beauvoir, S. El segundo sexo. Argentina: Ediciones Siglo Veinte.

Castilla del Pino, C. Sacher-Masoch. (1973). Introducción al masoquismo y La venus de las pieles. España: Alianza Editorial.

Erikson, H. E. (1993). Ética y psicoanálisis. Argentina: Ediciones Hormé.

Foucault, M. (1973). El orden del discurso. México: Tusquets Editores.

Freud, A. (1986). El Yo y los mecanismos de defensa. México: Editorial Paidós Mexicana.

Freud, S. (1985). Ensayos sobre la sexualidad. España: SARPE.

Freud, S. Einstein, A. (2001). ¿Por qué la guerra? España: Editorial Minúscula.

Fromm, E. (1976). Psicoanálisis de la sociedad contemporánea. México: Fondo de Cultura Económica.

Kaiser, A. Álvarez, G. (2016). El engaño populista. México: Ediciones Culturales Paidós.

Lacan, J. (1984). Escritos 2. México: Siglo XXI Editores.

Márquez, N. Laje, A. (2016). El libro negro de la nueva izquierda. Argentina: Grupo Unión.

Orwell, G. (2019). 1984. México: Editores Mexicanos Unidos.

Segura, C. A. Stchigel, D. O. (2020). La cientificidad del psicoanálisis, respuesta definitiva a Sokal y a Bunge. México: Gauchobooks Ediciones.

Valverde, J. A. (1975). El varón domado replica. España: Sedmay Ediciones.

Vilar, E. (1992). El varón domado. México: Editorial Grijalbo.

Vilar, E. (1975). El varón polígamo. España: Plaza & Janes Editores.

Zizek, S. (1999). El acoso de las fantasías. México: Siglo XXI Editores.

Zizek, S. (2016). La nueva lucha de clases. México: Editorial Anagrama.

ENSAYO VI: EL PROGRESISMO EMPEÑADO EN LA DESTRUCCIÓN DE LA FAMILIA TRADICIONAL

Priscila Albino

Argentina

El progresismo de izquierda se ha encargado de destruir a la familia progresivamente a través de la deconstrucción de la misma revolucionando a sus pares.

Para entender cómo opera el progresismo en este tema, es importante aclarar algunos conceptos como el de familia, propiedad privada e institución.

La familia es producto de un orden que se manifiesta en el derecho natural y por lo tanto protegido dentro de la legislación positiva, así como la propiedad privada si es que tomamos una postura lockeana. Es por eso que, el matrimonio heterosexual, dado por la naturaleza, está legislado positivamente.

La familia extensa es el núcleo que reúne a parientes o personas con vínculos reconocidos como tales. Encuentra su origen en el ámbito biológico, donde la madre arropa al hijo. Surge de las parejas adultas y heterosexuales con fines de procreación debido a, que desde el punto de vista biológico la especie pide su continuidad, por lo tanto, requiere en primer lugar de la protección de la maternidad y luego de la paternidad. Esto es lo que lleva a la convivencia en pareja y al matrimonio. (Sánchez, 2008)

Para entender más en profundidad lo que significa el matrimonio en la familia procederemos a explicar su origen etimológico. El matrimonio como institución deriva de la expresión "matrimonĭum" proveniente del latín: "matris" que significa matriz, o sea, el sitio donde se desarrolla el feto y "monium" que quiere decir "calidad de", es decir, la aportación de la mujer que contrae matrimonio para ser madre. Esto implica la procreación, por lo tanto, cada vez que nos referimos al matrimonio nos referimos a la unión de una pareja heterosexual. También deberíamos considerar el concepto de "patrimonĭuom". "Patris" significa "padre" y "monium" es "calidad de", o sea, la aportación del hombre como progenitor y proveedor del sustento de la familia. [12]

Según Levi-Strauss (1949) en Sánchez (2008), el origen de la familia es el matrimonio y se compone por marido, esposa e hijos nacidos dentro de esta institución. Este núcleo tiene vínculos legales, derechos y obligaciones ya sean religiosas y/o económicas.

La familia tradicional se desarrolla en una casa o propiedad donde comienza

---

12 http://tesis.uson.mx/digital/tesis/docs/21878/Capitulo2.pdf

la organización social. Como funciones tiene la educación, la protección y el cuidado, la transmisión de creencias y valores, etc.

Este tipo de institución se va a desarrollar dentro de una propiedad privada. Pero ¿qué es la propiedad privada?

Por un lado, en cuanto a la propiedad privada, Marx (1867) aporta a la teoría en *El Capital, tomo I,* que existen dos tipos. El primer tipo es producto de la explotación del trabajo ajeno o enajenado; y el segundo tipo, es producto del trabajo propio. En esencia, la propiedad privada, se origina por creación y recreación de la explotación humana.

Por otro lado, para Locke, la propiedad es un derecho natural. Como el individuo tiene que conservar su propia especie, tendrá el derecho natural a poseer las cosas necesarias para ese fin. La existencia de la propiedad privada va de la mano con la voluntad de Dios ya que éste al no dividir ni distribuir las riquezas de la tierra, el hombre obtendrá su parte mediante el trabajo. Entonces, al individuo le pertenecerá solo aquel bien sobre el que invirtió su propio trabajo. Esta propiedad es hereditaria, basando esto en que la sociedad natural es la familia.

La familia y la propiedad privada son instituciones. Esto quiere decir, según Baremblitt (2012), que las instituciones constituyen redes de decisiones que regulan las actividades humanas. Estas redes conectadas entre sí indican lo que está permitido, prohibido y lo que es indiferente. Estas acciones permitidas y/o prohibidas mientras más objetivas sean van a estar formalizadas ya que se expresarán en leyes o normas culturales/sociales.

Por lo tanto, tomaremos esta concepción lockeana de propiedad privada ya que como venimos afirmando, la familia se desarrolla dentro de la propiedad conformando un matrimonio para conservar la especie, y, tiene tal derecho natural para poder desarrollarse.

La familia es la primera institución social de todo ser humano. Ambas se componen de patrones normativos que rigen el comportamiento, creando personalidad y haciendo que funcione la sociedad.

Como ya sabemos, el progresismo de izquierda está en contra de la propiedad privada debido a que piensan que ésta es la culpable de la desigualdad social.

El ser humano necesita de la propiedad privada porque tiene o crea una familia. Si se destruye a la familia se destruye la propiedad privada y si se deconstruye esta última el sistema capitalista "cae". La abolición de la institución familiar tradicional se relaciona con la concepción marxista sobre la abolición de la propiedad privada. Podemos leerlo claramente en el *Manifiesto Comunista* (1848) "*la familia burguesa desaparecerá como consecuencia de la desaparición completa de su complemento* [la propiedad privada], *y ambas desaparecerán cuando desaparezca el capital.*"

Resulta interesante afirmar que esta necesidad de la propiedad privada y acumulación de capital históricas deviene de exigencias de personas ubicadas en los estratos más altos de la sociedad tras no aceptar la poligamia de los pueblos precolombinos. Estos últimos cristalizaban su poder a través de la obtención de muchas mujeres para competir contra otros hombres manteniéndolas apartadas de la ambición de los demás.

Los padres y mujeres que presionaban por la aceptación de la monogamia lo hacían de tal manera para cuidar los bienes familiares en los sistemas conyugales. De esta forma, lo que era propio no terminaba distribuyéndose fragmentadamente entre muchas mujeres. Solamente, en este caso histórico, comienza el pedido por un cálculo meramente capitalista.

Luego será sellado más adelante con la vinculación del matrimonio (Laje, 2016, pg. 125-126).

La institución del capitalismo puede modificar sus articulaciones, su sitio en las nuevas relaciones sociales, su equilibrio y su poder. Ha ayudado a las mujeres en un principio histórico a compensar su debilidad física. Recordemos, por ejemplo, lo que describíamos más arriba. Además de ser obtenida por el macho perteneciente a un pueblo originario ya sea por rapto, compra, intercambio, entre otras cosas, también era tratada como esclava, objeto de sacrificio y objeto sexual (Laje, 2016, pp.124).

Retomando el problema de la propiedad privada luego de hacer esa pequeña pero importante aclaración sobre el capitalismo y las mujeres, el pensamiento marxista revolucionario plantea su destrucción de la siguiente manera: si no hay familia, no hay propiedad privada porque no existe un estímulo para transmitir hereditariamente el patrimonio y un lugar donde acoger a seres queridos. Si no hay herencia, se destruye la familia tradicional, y con ella la intención para acumular propiedad privada.

Para comenzar con esta revolución, el progresismo utilizará las bases gramscianas. Empezará por movilizar la cultura. El nuevo tipo de revolución es cultural. Gramsci sostenía que la revolución no solo se da en el terreno económico y político, sino que sobre todo en el cultural. Hay que introducirle en la cabeza al otro que el mundo es de una manera o de otra, formando una misma identidad e identificación colectiva (hegemonía). El Estado puede ser permeado desde la sociedad civil y destruirlo desde la concepción del mundo que produce y reproduce el estado para el mantenimiento de su hegemonía cultural y su reemplazo por una nueva. (Gramsci, 1998)

En primer lugar, hay que liberar a las mujeres de sus esposos. Hay que hacerles creer que están siendo oprimidas. Cuidar a sus hijos, educarlos, dedicarse a las tareas del hogar únicamente mientras el padre trabaja para llevar el pan a la casa, ella está realizando "trabajo no pago". Tengamos en cuenta que hoy en día esto no es literal. Las mujeres no solo educan a sus hijos junto al padre de este, sino que también las tareas del hogar se realizan en conjunto o al menos puede haber un acuerdo en quien hace cada cosa. Mucho más importante es que las mujeres no se reducen al cuidado del hogar. En cambio, daremos un ejemplo: recurren con mayor proporción a instituciones educativas para instruirse. Las mujeres superan en más del 10% a los varones en la cantidad de estudiantes y egresadas en todos los niveles universitarios según el Ministerio de Educación Argentino.[13] Con esto aclaramos que las mujeres no están en desventaja con los hombres. En este caso específico, podemos ver que no están sometidas al cuidado del hogar y que, si aun así tuvieran que hacerlo, el capitalismo les ha hecho más fácil el trabajo tanto a hombres como a mujeres.

Es Engels el que comienza a formar las bases para que más tarde la segunda ola del feminismo marxista empiece a manifestarse. El teórico comunista sostenía en *El origen de la familia, la propiedad privada y el Estado* (1884) que la familia monogámica, o sea, el último tipo de institución familiar tradicional luego de un proceso cambiante nace como reflejo de la propiedad privada. Anteriormente, los esquemas familiares eran otros y no necesitaban de la propiedad privada.

El avance de las formas de familia como institución desarrolla consecuentemente un progreso de las condiciones económicas. La acumulación de riquezas dará paso a lo que tanto molesta que es la propiedad privada. Lo explica Alberdi (1999) en Sánchez (2008), la familia compuesta por dos o más personas unidas por afecto, matrimonio o afiliación, van a **compartir**, generalmente, sus recursos económicos y **consumir conjuntamente** una serie de bienes en su vida cotidiana.

Y es acá donde empiezan los problemas y donde entra como guía el principio gramsciano para liberar a las mujeres de las instituciones familiares como si estas estuvieran presas y no lo supieran. Engels sostiene que la aparición de la propiedad privada derroca al histórico matriarcado comunista y primitivo y trae consecuentemente al régimen de dominación masculina, es decir, al patriarcado. Entonces, la propiedad privada, causal de la explotación del proletariado también causa la explotación de los sexos, específicamente del femenino. ¿Qué quiere decir con esto? Que el hombre ahora es el que se hace cargo de la casa en materia económica mientras que la mujer queda subordinada a las tareas domésticas y al cuidado de sus hijos. Y mucho peor aún, para Engels, la mujer se convirtió en "esclava de lujuria del hombre, en un simple instrumento de reproducción" (Engels, 1884, p.51). El hombre pasó a ser como figura representativa del burgués y la mujer del trabajador o proletario. La lucha ahora no es solo de clases sino de sexos y deben unirse para terminar con el sistema que reproduce la dominación de ambos, o sea, mujeres y obreros.

Lo que el feminismo liberal de primera ola podría solucionarlo con reformas educativas, en lo que estamos de acuerdo, el marxista de segunda ola quiere resolver la cuestión con una revolución que atenta contra el Estado, la propiedad privada, contra sus hijos y lo más importante, su familia como institución social.

Una feminista de la época soviética, Aleksandra Mijaylovna, en *El comunismo*

---

13 https://aptus.com.ar/educacion-superior-las-mujeres-se-reciben-mas-que-los-hombres/

y la familia, publicado en 1921, explica que con el avance del capitalismo y primeramente con la aparición de la propiedad privada, la mujer comienza a ser oprimida en su casa ya que es la responsable de los cuidados, oprimida en el trabajo y oprimida por ser madre (Kollontay, 1921).

Las feministas de hoy en día repiten hasta el hartazgo un lema marxista: "eso que llaman amor es trabajo no pago" refiriéndose a los trabajos domésticos y/o a los cuidados de la familia. Con esa frase, ellas quieren decir muchas cosas. Para estos individuos, preparar a sus hijos para que vayan al colegio es "trabajo no pago", no existe el amor maternal. Plancharles una camisa a sus esposos antes de que vayan a trabajar o esperarlos con una comida caliente luego de un día agotador es "trabajo no pago", no existe el amor familiar.

Suponen que, en primer lugar, las tareas del hogar que son rutinarias las "atan" al cuidado de sus hijos y hacen que la mujer no llegue a especializarse en algún campo de estudio o trabajo dependiendo económicamente de su marido; y que, en segundo lugar, seguir perpetuando esta institución es aceptar la ideología dominante y prologar la dependencia familiar. Esto en realidad no es así, porque sabemos que las mujeres tienen la libertad de elegir a sus maridos (hablando en general, ya que en algunos países orientales el matrimonio es forzado y es ahí donde hay que poner las fuerzas y luchar contra eso), la libertad de planificar a su familia y tener hijos cuando ambas partes coincidan. La libertad de poder estudiar y/o trabajar aun en el embarazo o con niños pequeños gracias a ciertos permisos estatales/laborales dependiendo el Estado y el trabajo que ella tenga; y, por último, la posibilidad de denunciar si está siendo maltratada por su esposo. En segundo lugar, suponen que el ámbito de la cocina o el lavado no es un espacio masculino cuando es en realidad un espacio compartido y lo podemos ver en las publicidades gastronómicas, los programas de televisión que también son específicos de ello, entre otros.

Una sociedad civil debilitada es el fin, el Estado se podrá meter en vida de tus hijos y la familia no tendrá decisión. Lo dice la misma feminista soviética Mijayloyna

"La patria comunista alimentará, criará y educará al niño. Pero esta patria no intentará, en modo alguno, arrancar al hijo de los padres que quieran participar en la educación de sus pequeñuelos. La Sociedad

Comunista tomará a su cargo todas las obligaciones de la educación del niño, pero nunca despojará de las alegrías paternales, de las satisfacciones maternales a aquellos que sean capaces de apreciar y comprender estas alegrías. ¿Se puede, pues, llamar a esto destrucción de la familia por la violencia o separación a la fuerza de la madre y el hijo?" (Mijaylovna, 1921, p.12)

Este fragmento nos dice claramente que el nuevo educador de nuestros hijos será o tiene que ser el Estado y más específicamente, el Estado Comunista. Nosotros podemos participar, pero no podemos decidir que les enseña y qué no. Por lo tanto, la patria potestad, es decir, la facultad que tienen los padres sobre sus hijos no emancipados se pierde porque los responsables no están obligados a mantener a un hijo en un Estado Comunista y si deciden educarlo como ellos quieren no pueden porque el Estado se encargará de adoctrinarlo por su cuenta.

Para concluir, el progresismo a través de sus diferentes ramas, como el feminismo o el colectivo LGBT+, sigue empeñado, a pesar de sus dificultades, en deconstruir a la familia. Esto quiere decir, destruir a la familia tradicional como la conocemos y construir un nuevo concepto de esta. Ha logrado varios ítems, entre ellos el divorcio que ha causado, entre otras cosas, la reconstrucción de familias en condiciones lamentables para los hijos (hijos solo en los fines de semana, hermanos de distintos padres, hermanos que no se conocen, etc.); padres que intentan compensar estas situaciones frustrantes para los hijos con actitudes sobreprotectoras e inconsecuentes; y padres dominados por lo hijos (Sánchez, 2008, p. 18). Esto hace que, en primer lugar, los divorcios aumenten o que se pueda reconsiderar el matrimonio para evitar estas situaciones de familia disfuncional para no quedar "atados" a su pareja, no formalizarla, etc. El matrimonio se convierte en una especie de empresa con la cual se puede romper el contrato en cuanto las cosas peligren.

El progresismo que impone al feminismo y al ateísmo hace que las personas estén cada vez más divididas y sean cada vez más egoístas. La familia que debiera ser por definición la institución donde se crean personalidades con valores morales no debe pasar en manos del Estado debido a que éste los educará para complacer su propio interés y obtener el control de la población por completo. La colectivización no es para liberar a las mujeres del cuidado de sus hijos, les estarán arrebatando el futuro.

Bibliografía

Engels, F. (1884). *El origen de la familia, la propiedad privada y el Estado.* Marxists Internet Archive, 2017.

Fernández Romar, Juan Enrique y Curbelo, Evangelina. (2018). Sobre el concepto de institución. *X Congreso Internacional de Investigación y práctica profesional en psicología XXV Jornadas de investigación XIV Encuentro de investigadores en psicología del MERCOSUR.*, (pág. 51 a 53). Facultad de Psicología. UBA. Buenos Aires.

Gramsci, A. (1998). *Para la reforma moral e intelectual.* .

Kollontay, A. M. (1921). El comunismo y la familia. Marxist Internet Archive, 2002.

Márquez, N. y Laje, A. (2016). *El libro negro de la nueva izquierda. Ideología de género o subversión cultural.* Buenos Aires, Argentina: Grupo Unión.

Marx, K. (1867). *El Capital, Tomo I.* librodot.

Marx, K. y Engels, F. (1848). *Manifiesto del Partido Comunista.* Marxists Internet Archive,1999.

Sánchez, C. V. (2008). La familia: concepto, cambios y nuevos modelos. *La revue du REDIF, 1*, 1522.

ENSAYO VII: EL PROGRESISMO ES UN ANTIHUMANISMO

Dr. Daniel Omar Stchigel

Argentina

Sartre escribió una obrita llamada El existencialismo es un humanismo. En ella se defendía del ataque recibido tanto de parte de los comunistas como de los cristianos, unos acusándolo de solipsista, los otros de nihilista. Él sostuvo que la cultura popular es sumamente pesimista acerca de la naturaleza humana, y que él, al menos, pensaba que tomar consciencia de nuestra libertad hace que podamos decidir nuestro propio ser y asumirlo como un proyecto, como algo a construir que no viene determinado por una naturaleza humana pecaminosa. Además, entendía que la mirada de los otros nos vuelve un ejemplo para los demás, y que actuamos como si lo hiciéramos para toda la humanidad.

El progresismo actual parece estar en las antípodas de ese pensamiento. Sin embargo, no es así. Lejos de lo que pudiéramos creer a primera vista, la radical reivindicación de la libertad para darnos cualquier naturaleza, y el considerar que todos nuestros actos tienen un sentido moral, de manera tal que aún lo privado debe verse como público, y, por lo tanto, como político, son dos de las características del progresismo. Sólo que en el contexto en el que Sartre escribía no parecía que eso de no estar determinados implicara que uno pudiera ser del modo en que quisiera autopercibirse, o que la moralidad de los actos implicara que el modo de actuar en la cama fuera visto como algo ético, como un modelo a imitar, como sostienen los LGTB militantes, al punto de afirmar cosas como "el culo es lo que nos iguala a todos", o "todo acto de penetración es una violación".

¿Qué sucedió para que el humanismo de Sartre se convirtiera en el antihumanismo progresista? Y decimos "antihumanismo" porque si algo caracteriza al progresismo actual, sobre todo el que se aglutina bajo ideales ecologistas, es la idea de que el hombre es una plaga, un destructor de mundos, y que solo su control hasta el límite de su inacción o su extinción podría hacer que la vida, en un sentido que habría que definir, volvería a sus cauces naturales, y por lo tanto "buenos".

Quizás quede más claro este proceso si pensamos que en el fondo Sartre no era más que una consecuencia de Rousseau, y que por más iluminista y racionalista que se supusiera, era inevitable para él pensar que el hombre es bueno por naturaleza, y que es la vida social, sobre todo la vida social capitalista, la que lo corrompe. De ahí que pensara que, dado que no podemos escapar hacia la vida solitaria del buen salvaje, sólo nos queda la alternativa de cultivar una voluntad general, es decir, un querer que pueda presentarse como universal. Esa ficción de la voluntad general, que dio origen a democracias en las que nos autocensuramos por nuestro propio bien y el de la comunidad, para no discriminar, por ejemplo, está tan presente en Sartre como en el voluntarismo de los movimientos sociales que pretenden cambiar el mundo y mejorarlo a fuerza de proponérselo, interviniéndolo desde el plano de las ideas, de lo cultural, olvidando las determinaciones económicas y prácticas de la conducta, es decir, terminando de acabar con la herencia marxista que Sartre todavía intentaba rescatar, a su manera.

¿Cuál es el resultado de este voluntarismo y de esta creencia en que todo es posible, alimentada en algún momento por los logros científicos que llevaron a los positivistas a creer en la ciencia como en una nueva religión de salvación? El resultado ha sido plantear, como sostiene Horacio Giusto, el ideal de un ser humano sin raíces y sin frutos, modelable como un tronco en el aserradero de la sociedad de consumo. Lo que propone el progresismo es eliminar el pasado, reescribirlo de un modo que no sea ofensivo para las minorías, es decir, redimir a los excluidos de la sociedad en el pasado, como en una delirante realización de la utopía de Walter Benjamin, haciendo que ellos hayan sido, retroactivamente, los vencedores de las guerras que perdieron, por ejemplo, poniendo a negros y a indios como héroes de películas situadas en los siglos pasados. Todo puede ser modificado, todo es fruto del discurso y basta con relatarlo de otro modo para que haya sido diferente de cómo fue. Y cuidado con quien ose desmentir esto: será considerado cómplice del mal sufrido, y deberá hacerse cargo de los crímenes de sus antepasados, que se consideran heredados a través de una sangre manchada, la del hombre blanco.

La verdad es que, como decía Lacan, no es cierto que si Dios ha muerto todo es posible. Y con Dios queremos decir la existencia de lo real como un límite, y de lo simbólico como medio que no podemos cambiar a voluntad. Porque finalmente ni siquiera alcanza con reescribir la historia, con redimir a los excluidos, con invertir los roles humillando al humillador, maniatando o matando o persiguiendo al hombre heterosexual capitalista y blanco, que condensa todos los males, pues por él han sufrido las mujeres, los negros, los indios y los LGTB. Los seres humanos somos el mal de la Tierra. Ya no alcanza para borrar las manchas de sangre de nuestras manos con hacernos veganos o liberar a las gallinas, con prohibir el experimento con animales incluso cuando el fin es crear nuevos medicamentos. La sola multiplicación de nuestra especie nos vuelve una plaga, como sostiene Peter Singer. De ahí la necesidad de hacer que la población se vaya extinguiendo, de ahí el apoyo al aborto, la conminación a no traer hijos a este mundo devastado, la eliminación indolora de los enfermos terminales. El ser humano debe ir borrándose a sí mismo de la faz de la Tierra porque ha sido un error evolutivo, lo peor que pudo haberle pasado al mundo. Sólo sabe alterar el clima, llenar todo paisaje de residuos plásticos, donde pisa deja una huella de carbono que es peor que la radioactividad. El ser humano es tóxico. Sólo le queda devenir otra especie, quizás un híbrido biotecnológico, quizás un ser transhumano redimido, que se alimente de la energía del sol, o que habite una vida virtual en los circuitos de una red de inteligencia artificial que lo cobije. La Matrix ya no se ve con malos ojos, bien podría ser un modo de que estos organismos tan destructivos que son los seres humanos estén controlados, no hagan daño y sirvan para algo. A lo sumo se los tolerará como unidades de producción y consumo. ¿Se los tolerará por parte de quiénes? Por parte de aquellos que ya no se autoperciben como humanos, que se creen redimidos y se proponen como nuestros salvadores.

No estamos describiendo una distopía de ciencia ficción, sino lo que para muchos es una alegre utopía. De este modo, lo que parecía una locura, una actitud suicida, va siendo aceptado de a poco como un proyecto mejor que el de Sartre. Así llegamos a un progresismo que es un antihumanismo, que propone terminar con la humanidad por nuestro propio bien, en una propuesta que, en el límite, se destruye a sí misma, pero que mientras tanto causa daño, pues sirve para que un grupo de psicópatas manipulen la angustia y el sentimiento inconsciente de culpa de los neuróticos para manipularlos.

BIBLIOGRAFÍA

Giusto Vaudagna, H (2017) "El Ecologista-Un subversivo cultural". Buenos Aires: Prensa Republicana.

Rousseau, J-J (2003) El contrato social. Buenos Aires: Losada.

Sartre, J-P (2006). El existencialismo es un humanismo. México: UNAM.

Singer, P (2011). Liberación animal. Barcelona: Taurus.

ENSAYO VIII: EDUCACIÓN Y PROGRESISMO

Por Andrea Cristina Prieto García y José Manuel Guirado Piñero

España

El siguiente capítulo tiene como referencia un análisis pormenorizado acerca de la idea de progreso en su vínculo con la educación y los modelos educativos actuales. Para ello partiremos de la obra de José Sánchez Tortosa titulada El culto pedagógico, en la que el autor lleva a cabo un estudio profundizado sobre la pedagogía posmoderna cotejándola con otros modelos educativos (desde Sócrates y Platón, pasando por San Agustín, Comenius, Rousseau, Marx o Krause). En este dilatado recorrido distingue un acontecimiento sustancial que determina las directrices de la pedagogía actual conformada por doctrinas y movimientos tan heterogéneos como el constructivismo, conectivismo, o el método Montessori. Este acontecimiento es la ruptura de la anámnesis en sentido platónico en el diálogo llamado Menón, en el que Sócrates ejerce por vez primera como maestro. A coalición de esto, trazaremos, un recorrido de las ideas y conceptos que han empobrecido paulatinamente la educación, depurándola de contenidos y orientándola hacia una educación cargada de sentimientos, cuya base es la emoción y no la razón.

1. EDUCATIO – DUCERE

En primer lugar, llevaremos a cabo un análisis etimológico acerca del término educación. Educación procede del étimo latino educatio, y se halla emparentada con ducere (conducir), educere (sacar desde dentro a fuera) y educare, que significa moldear, dirigir; es decir, este moldeamiento sería la dirección y confección del alumnado en el proceso educativo desde un momento inicial x, hasta el momento final determinado, en el que vemos la evolutio operada en el discente. Ello implica que el alumno partía de unos conocimientos determinados e iba alcanzando nuevos conocimientos fueran de primer o segundo grado. En dicho proceso de evolución hay necesariamente implícito dos variables: discente y docente, aunque discernibles, inseparables en la enseñanza, pues no hay alumno sin maestro, ni maestría que enseñar sin alumnado. Esta correlación establece de manera inmediata una jerarquía intelectual del maestro sobre el alumno. Toda enseñanza está marcada por ella.

A esta relación entre educatio y dicere se le suma otro término importante relacionado con ago. Aquí incluimos la figura del pedagogo. Si analizamos el término vemos que viene de paidos y ago. Paidos significa "niño" y ago cuyo significado es "guiar". De ahí que el término pedagogo, representaba en la Antigua Grecia al esclavo que se encargaba de llevar a los niños a la escuela. En el griego encontramos la figura del didáskalos que significa maestro. Un ejemplo de esto lo tenemos en la célebre obra de Jaeger Paideia donde hace un recorrido cultural de la enseñanza y la crianza que han servido como cuna y base a la civilización occidental. Esta figura del maestro se ha ido sustituyendo cada vez más, por la figura del demagogo, que como sostiene Tortosa, "igual que el pedagogo es el conductor de infantes, el demagogo es el conductor de masas".

2. ¿EDUCACIÓN O INSTRUCCIÓN?

En el origen, educación se establecía como un proceso de adquisición de saberes, estos eran transmitidos por la figura del maestro (como anteriormente hemos comentado) y establecía la transmisión de conocimientos.

Al hablar de educación, más propia a la idea de educación de masas, se condensan dos vertientes: la primera de ellas sería la educación integral o totalitaria propia de algunos regímenes como el fascista, el soviético y el nazi, que ponen su centro en la idea de educar a las masas, establecer los cimientos de un hombre nuevo, el rechazo del intelectualismo, el dogmatismo, o así mismo, una visión orientada al paidocentrismo acerca del futuro de la nación y del Estado.

Esta educación consistiría en el intento y objetivo de moldear a la persona en su totalidad; es decir, ya no se enfoca la institución de la escuela como trasmisión de saberes y conocimientos, sino que también aludiría a la necesidad de cultivar sus sentimientos (puro coaching emocional), o de establecer hombres fuertes, íntegros y con las características comunes de dichos regímenes. Esta idea es la que parodia el "homo soviéticus", que es una burla de la idea de hombre nuevo durante el período de existencia de la URRS. Las juventudes hitlerianas o las camisas pardas de Benito Mussolini serían también ejemplos claros de este tipo de educación.

En segundo lugar, encontramos la continuación de la escuela integral, pero en el que los dogmas propios de la educación anterior "aparentemente" han desaparecido, pero solo aparentemente, pues es una escuela que censura el saber en virtud de un formalismo pedagógico que culmina en la depuración de contenidos y en la adoración absoluta e inexpugnable de nuevas ideologías como el ecologismo, feminismo, constructivismo o teorías queer. ¿Podríamos llamarla "escuela basura"? Este término lo encontraríamos en la obra de Sánchez Tortosa. El término basura, refiriéndolo a barrer sería lo que está operando en esta escuela, ya que se han barrido los contenidos del campo de la educación.

Frente a estos dos tipos de educación o escuela, tenemos que proceder a la fase analítica para aclarar otros términos que son más precisos como es el de instrucción dentro de la fase sintética, procedente del étimo latino instructio (enseñar doctrinas). En este sentido, la instrucción se limita a que la escuela consista en la mera transmisión de conocimientos por parte de los docentes sobre los discentes; es decir, las aulas serían un mero espacio de saber. Si el profesor no entra en cuestiones psicológicas, ni trata de transmitir conceptos tan vacuos e insostenibles como los de la pedagogía (que desde una filosofía crítica son endebles y ambiguos o confusos), las clases serían asépticas y desligadas de toda ideología.

2.1. La anámnesis platónica

Dentro de este capítulo abordaremos la importancia que tiene el diálogo platónico Menón, en el que Sócrates ejerce por primera vez en la historia como profesor. La educación va ligada estricta y necesariamente a la filosofía, aunque podamos clasificarlas por separado, ya que implica la ejercitación de la dialéctica y la duda constante, así como la destrucción y reconstrucción de aquellas ideas que se tienen como ciertas, aceptadas e inamovibles.

Menón es un diálogo que oscila en torno a la posibilidad o imposibilidad de enseñar la virtud. Para ello, Menón, como sofista seguidor de Gorgias, refiere que la virtud es individual; es decir, que se predica de cada sujeto de forma independiente con el resto de los sujetos. Así, pone el ejemplo manido de la distinción entre la virtud del hombre, de la mujer, o del niño. Esta declaración ya la encontrábamos en Protágoras, en la idea de homo mensura, que va referida al hombre como medida de todas las cosas. Protágoras refería que "a distintas disposiciones del sujeto, distintas representaciones del objeto", con lo cual según el sujeto x, y la coyuntura y, el sujeto concebía la realidad de una determinada manera, oscilando siempre y variando con respecto de la perspectiva.

Sócrates critica esta argumentación de Menón, en el que este confunde el género con las especies anegando la parte por el todo. Para ello utiliza el ejemplo de las abejas: dentro de un enjambre de abejas hay distintas abejas, cada una de ellas tiene unas características propias y determinadas, pero, sin embargo, todas son comunes en cuanto al género abeja (ya sea el zángano, la abeja reina, o de otro tipo). Otro ejemplo es Sócrates aludiendo al elemento común que hace que sea reconocible la esencia de la virtud en el hombre, la mujer y el niño. Si decimos que la virtud del hombre reside en x, la de la mujer en y, y la del niño z, quiere decir que la virtud como género se representa de alguna manera en las tres figuras.

A pesar de ello, Sócrates va a referir que la virtud no se puede enseñar, sino que más bien es un talento que los Dioses dan a los hombres, igual que ocurre, por ejemplo, con la poesía y la idea de las musas (ya sea en Homero o en Hesíodo). Esta idea será diferente en la República. Aun así, lo más interesante de este diálogo en lo que acontece en torno a la educación, es cuando Sócrates alude al esclavo de Menón, para ver cómo se produce el proceso de enseñanza en el que la idea de espontaneidad es totalmente destruida.

Así pues, para resolver la cuestión Sócrates le plantea un problema en el que tiene que resolver el doble del área de un cuadrado (ABCD). El esclavo, utilizando la aritmética, simplemente multiplica por dos la operación antes realizada. Sin embargo, este problema planteado por Sócrates implica la geometría refiriendo a la importancia de la geometría de Euclides, y el principio de symploké (entretejimiento de las ideas, tejer y destejer en el sentido que vemos a Penélope en la Odisea).

La symploke es un término platónico que aparece en diálogos como El sofista, que implica que ni todo se halla unido con todo. Ello implica que pueden establecerse relaciones entre diferentes categorías, pero que también hay discontinuidad, y por lo tanto pluralidad.

La resolución del problema precisa de la □ 2 (el problema de los irracionales). Por lo tanto, Sócrates está destruyendo al "yo idiota" (idiom), frente a lo común (koinon). Es preciso sacar al yo de su ignorancia para hacerlo libre de la misma, en el sentido de Spinoza, para quien somos esclavos de la razón, pero en tanto esclavos de la razón, somos a su vez libres de la ignorancia. Este principio implica a su vez la memorización y el esfuerzo en el proceso de aprendizaje. Esto es necesario en la educación frente a los modelos educativos que tratan de sacar de ella "la memorización vana". No se puede saber algo sin recordarlo, y el recuerdo implica al menos, un proceso de memorización. No digamos ya en un examen de Historia, ya que la Historia implica un ejercicio constante de acumulación de acontecimientos, fuentes y fechas, o el procedimiento de análisis de determinados ejercicios (en Matemáticas o Física) requiere de la memorización de fórmulas para la resolución de estos. ¿Cómo calcular la masa de un objeto sin conocer la fórmula que hace posible el cálculo?, si nos referimos a asignaturas como Lingüística o Lengua, ¿cómo analizar determinados términos sin haber adherido previamente el mecanismo correcto de realización? Una vez más, queda rebatida la idea de que en educación no es necesaria la memorización. Indispensable es conocer una fórmula, un procedimiento, así como cualquier temario referido a hechos o acontecimientos de la Historia, las Letras o la Filosofía.

Con lo cual, Sócrates, mediante el método de la mayéutica preguntando a sus interlocutores acerca de una determinada cuestión, desmonta sus argumentos, pues hace dudar a Menón y al propio esclavo mostrándoles claramente su ignorancia, y al ejercitar la dialéctica, se convierte en el primer maestro, ya que todo maestro ha de hacer dudar a sus alumnos, despojarlos de todas aquellas creencias que tienen como inamovibles y por sabidas y reconstruir a su vez el conjunto de conocimientos desgajados en la fase analítica.

2.2. La inversión pedagógica como punto de partida de la ruptura de la anamnesis platónica

El siguiente apartado dentro de este capítulo toma como referencia la obra Ensayo sobre las categorías de la economía política. Es en esta obra donde G. Bueno acuña el sintagma "inversión teológica" como "trasmutación de las conexiones de los conceptos" por las cuales se deja de hablar sobre Dios (propio de la metafísica), para hablar desde Dios. Es decir, "la metafísica se convierte al mundo". Los espacios dedicados en siglos anteriores al tema religioso-teológico, son sustituidos por los de la mecánica racional, la teoría cinética de los gases, el derecho, o también la economía política. Así, la Lógica de Hegel se convierte en la obra referencia de esta inversión teológica.

Desde esta concepción tomamos el término inversión pedagógica, para referir cómo se ha producido gradualmente el paso de la instrucción a la educación (sobre todo a partir de El Emilio de Rousseau), en el que la anámnesis platónica (reminiscencia) va dando paso con respecto de la escuela totalitaria y la escuela basura. Este momento tiene como referencia la degeneración del concepto de disciplina en San Agustín tomado por Comenius. Para San Agustín, los sujetos no podían aprender el mal, sino que, en todo caso, el alejamiento de Dios se producía por la falta de disciplina (con lo cual iba estrechamente relacionado el pecado con la naturaleza). La naturaleza del hombre tendía a la laxitud (al pecado), mientras que la disciplina es lo que alejaba al hombre del pecado.

Comenius lleva a equívoco este concepto. Para Comenius, la naturaleza ya no supone el pecado (como en San Agustín), sino que implica un estadio, un momento previo al propio pecado, como destino al que ha de dirigirse inexorablemente el ser humano. Es decir, es la vuelta del hombre a su propia esencia como hombre (que ha sido desnaturalizada por la sociedad y el entorno). Este caso llega a su clímax con la figura de Rousseau, para quien el hombre natural es superior al hombre civilizado. Así, en el Emilio, Rousseau refiere que los niños cuidados en el campo tienen una mejor pronunciación y vocalizan mejor que los criados en la ciudad por el aya. Además, en Rousseau encontramos también una versión antiintelectualista, ya que refiere que no hay que concentrarse en bibliotecas ni atiborrarse de libros, sino que con unas pocas obras bien seleccionadas es suficiente.

Es por ello, que Rousseau al referirse a las ciencias profiere que es mejor no imponer las ciencias, sino promoverlas; es decir, acercárselas al infante motivándolo. Estas ideas promovidas por el ginebrino son una base clarísima de la pedagogía posmoderna que podemos rastrear, por ejemplo, en Catherine L´Ecuyer en su obra Educar en el asombro, en la que la autora refiere que el principio del conocimiento es el asombro (basándose en las tesis de Platón y Santo Tomás). Sin embargo, como arguyó el filósofo Bertrand Russell, la propia fisiología del hombre tiende a la pereza, por lo que, sin el esfuerzo y la disciplina, los alumnos, por su propia iniciativa no se pondrán a hacer operaciones de álgebra, física u otra materia compleja.

3. EL KRAUSISMO: ANTECEDENTES A LA ESCUELA DEMOCRÁTICA

Durante el siglo XVIII llegan a España las diversas fuentes provenientes de las ideas de la Ilustración Francesa. Estas se van cristalizando en la enseñanza española durante el siglo XIX, ejemplo de ello sería la ramificación y división por Ciencias y Letras (actualmente vigente). Las nuevas ideas son, ante todo, de corte modernizador, pero no dejan de ser ideológicas, pues la educación estaría orientada a la construcción de aquel nuevo "Estado moderno" precisando de un mayor bagaje intelectual y nuevas instrucciones que den cualificación para los nuevos puestos de trabajo.

Así, entran en España las ideas provenientes del Krausismo, cuya máxima viene a darse con la fundación de la Institución Libre de Enseñanza (ILE) cuyo atisbo pedagógico es de corte progresista. Los ideales de la corriente krausista vendrían a ser: acentuar el carácter vital y la educación espiritual (sin relación religiosa) y el carácter individual, liberal y humanista propio de la educación inglesa.

Seguidamente, tenemos la influencia del filósofo Ortega y Gasset que tuvo una gran influencia en las leyes educativas de la Segunda República, continuando la senda krausista, aunque vertiendo matices propios que se pueden apreciar en su obra La rebelión de las masas. En esta obra, Ortega concibe el concepto de hombre-masa, en el que los sujetos vendrían a estar subyugados a la masa, en tanto la élite en España habría sido omitida.

A partir de Ortega y Gasset se estructuran en España las leyes educativas de la Segunda República vía Marcelino Domingo. Pasando de la instrucción a la educación integral, cuyo culmen vemos hoy día en la educación emocional. Estas ideas de corte krausista se plasmarán sucesivamente tanto en el periodo franquista como en la Transición democrática. Ejemplo de esto serían: las leyes Sainz Rodríguez (1938) y Villar Palasí (1970).

3.1. El mito de la escuela democrática

En el ámbito educativo, por mediación de la nueva pedagogía y de algunos movimientos como el célebre mayo del 68 francés o el movimiento hippie en Estados Unidos se ha tendido a la eliminación de la autoridad y la jerarquía. En este sentido, todo símbolo de disciplina o rigor es considerado como sospechoso de autoritario o incluso fascista. Por ello, la función del profesor ha sido reducida a un sujeto más entre el conjunto del alumnado. Todo esto vendría a estar ligado a la idea de igualdad de una escuela democrática, un ideal de igualdad en torno a sentimientos y subjetividades frente a la jerarquía intelectual que veníamos analizando en Sócrates y el esclavo Menón. Reducir la figura del profesor a la de un sujeto emocional que oscila en el mismo eslabón que la del discente con una interdependencia mutua. Al igualar ambas figuras, el proceso de enseñanza queda vaciado.

Durante el siglo XX asistimos a la desarticulación de la escuela y el proceso de enseñanza basado en el dogma y presenciamos el surgir de una escuela relativista y nihilista en la que los sentimientos priman frente a la razón. Tortosa acuñaba el término "escuela basura" refiriéndose a este planteamiento sustitutivo del razonamiento (convencer) por las emociones (conmover). Así pues, con la democratización de la escuela asistimos a la democratización de la ignorancia.

Esta escuela democrática estará más vigente a partir de 1990 con la Ley Orgánica de Ordenación General del Sistema Educativo de España (LOGSE). El rechazo a la instrucción viene en relación con la concepción autoritaria, pues se toma (erróneamente) como dominio o fuerza ejercida desde el docente hacia el discente. Ejemplo de esto lo vemos en la condena a lo memorístico que dará lugar al rechazo del intelectualismo. Así, venimos confirmando los principios de la Ilustración: adaptar la escuela para que el mayor número de sujetos posibles accedan a las necesidades del mercado laboral. Mediante este vaciado de contenidos se condena a la clase más pobre a ser absorbida ideológicamente por el Estado y el Mercado, mientras que las clases más pudientes optan por el ámbito privado que no es tan ideologizado ni está tan purgado de contenidos.

El carácter políticamente correcto y acrítico de esta educación progresista desencadena en postulados débiles y una infantilización de la sociedad. De este modo, se prefiere permanecer en la conciencia falsa y pulular en los mitos y no desmitificar de manera racional. Asistimos como sujetos pasivos a una regresión intelectual, a la vuelta a la caverna. Mermamos nuestra capacidad reflexiva y lógica a través de la exaltación de lo emocional. Despojamos a las ciencias de matemáticas para cargarlas de sentimientos y opiniones.

Otro planteamiento importante en la LOGSE vendría a ser la idea de libertad (por herencia ilustrada). La idea de libertad viene a darse en la escuela democrática como la liberalización del contenido y la posibilidad de que el alumno intervenga y decida sobre el contenido que se está dando. Esto es un planteamiento ante todo y en su forma: negativo. Pues como refiere Spinoza (1987) la libertad implica ser esclavo de la propia razón. Solo podemos ser libres liberándonos de la ignorancia. Y esa liberación de la ignorancia implica la disciplina, pues las matemáticas o la física (entre otras materias) precisan de un esfuerzo continuo en el que hay que vencer la pereza inherente al ser humano.

La educación no puede ser libre si partimos de que todo pensamiento verdadero y científico no puede ser libre porque está sometido a unas reglas y a la propia lógica del lenguaje (tesis de Sapir-Whorf). Incluso en el ámbito de la ficción o la imaginación, todo lo que se articule en el pensamiento está contenido en unas reglas espacio-temporales (tesis de Bajtín).

Por último, saltaremos a analizar Ley Orgánica 3/2020, de 29 de diciembre (LOMLOE). Uno de los preceptos más acuñados, recurrentes y que cimientan la confección de esta Ley es el de la "igualdad". La igualdad que viene a tratar esta ley es un arma de doble filo, pues, por un lado, aparente, viene a presentarse como la salvación a esta disparidad, sin embargo, esta igualdad genera desigualdad, pues aquellas bolsas de población caracterizadas por un nivel bajo de vida se ven sometidas a la pauperización de una escuela pública lastrada por el vaciado de contenidos. Este barrido propicia la baja calificación académica y el poco ascenso social de los núcleos de población que quedarán condenados a un mercado laboral precario. Si la educación era entendida como ascenso social, ahora imposibilita salir del estancamiento y genera sujetos a merced del Estado y el Mercado en no igualdad de condiciones frente a egresados de escuelas del sector privado donde hay menos ideologización. La educación ha dejado de ser un ascensor de dinamismo social.

3.2. Educación emocional, ¿para qué?

Cuando hablamos de educación, muchas pueden ser las variantes añadidas al término: educación militar, educación musical, educación vial, etc. Si disponemos nuestro análisis de estas asignaturas, vemos que se responde inmediatamente apelando a los términos: militar, musical o vial. Esta educación adjetivada presenta una respuesta implícita: educación militar es "instruir en el uso de las armas", educación musical "comprende todos los procesos de enseñanza con respecto al ámbito de la música", educación vial "destinada a aprender las competencias viales o de tránsito con el fin de garantizar la seguridad en la vía". Ante estas, siempre hay una directriz clara en el estudio y posterior uso de elementos u objetos, buscando como fin el dominio de estos, es decir, en educación vial, por ejemplo, claro es que el estudio de determinadas señales permite al viandante comportarse de forma correcta y ordenada en la vía pública, el estudiar música, permite a los alumnos ejecutar un instrumento musical, sin embargo, cuando hablamos de educación emocional, ¿sobre qué estudios no basamos y hacia dónde dirigimos nuestras doctrinas?, ¿qué estudio sobre qué objeto tendrá como resultado la ejecución de qué planteamiento?

El término educación emocional o educación en valores es ante todo subjetivo, pero más aún, idealista, pues sin estructura, no se puede establecer un dogma y si no hay una línea exacta, ¿cómo instruyen quienes se toman la libertad de acuñarla?

Si suscribimos la educación (entendida de manera amplia) bajo el sustrato de una educación emocional (adjetivada), nos exponemos a que el desarrollo de esta sea ante todo inexacto, provocando una cadena de incertidumbres académicas.

BIBLIOGRAFÍA

Bueno, Gustavo (2012). Educación, ¿para qué? El Catoblepas: revista crítica del presente. Recuperado de: https://nodulo.org/ec/2012/n129p02.htm

Lyotard, J.-F. (1987). La condición posmoderna. Madrid: Cátedra

Montessori, M. (2014). El método de la pedagogía científica: aplicado a la educación de la infancia. Madrid: Biblioteca nueva.

Ortega y Gasset, J. (1999). La rebelión de las masas. Barcelona: Espasa Libros.

Platón. (2004). Menón. Madrid: Editorial Universitaria de Chile.

Platón. (2014). Apología de Sócrates. Madrid: Gredos.

Tortosa, J. S. (2018). El culto pedagógico: crítica del populismo educativo. Madrid: Akal.

ENSAYO IX: FEMINISMO MODERNO

Por Erika Yanet Solís Estrada

México

En esta tierra de "machos", el hombre casado sigue obedeciendo a su madre y no toca los bienes de su mujer; ¿no será el "machismo", la expresión de este complejo maternal, destinado a contrapesar este estado de infancia eterna?

-Jean Meyer

Lejos está de identificarse el feminismo actual, con las primeras olas del feminismo, donde su lucha era por la igualdad de derechos entre hombres y mujeres, y a quien se le atribuyen grandes avances en el progreso social de la mujer. Su lucha ha rebasado los límites y no precisamente para bien. Demuestran con sus actos, una ideología destructiva, pues aspiran al poder absoluto, mediante todo tipo de agresiones e imposiciones ideológicas. Irónicamente van en contra de su propia ideología. Ya no se busca progreso, sino retroceso. O, mejor dicho, un progresismo falso, excluyente, opresor, violento y tirano; al menos en occidente. Es decir; actúan en contra de su ideal, y utilizan las mismas armas de las que se defienden. Dejando de lado el verdadero feminismo.

De acuerdo a Pinker (2003), el feminismo ya no busca igualdad de derechos, sino que se opone a la tradición liberal clásica y, en su lugar, se alía con el marxismo, el posmodernismo, el constructivismo social y la ciencia radical (p.443). Basado en la teoría de Marx y Engels; "La historia de todas las sociedades hasta el día de hoy es historia de luchas de clases" (Marx & Engels, 2019, p.49). Lucha que ha sido identificada como: opresores y oprimidos. Mediante la manipulación de estos conceptos, se identifica como el oprimido a la mujer, por parte del opresor (hombre).

Cabe mencionar que su "lucha" como así lo describen las feministas que forman parte de este colectivo radical, es atribuida específicamente al patriarcado, resultado del capitalismo, el cual es el origen de todo tipo de opresión hacia la mujer. Consideran a la   mujer como un objeto, que sirve a estos, para conseguir su estatus de poder y dominio sobre ellas, mediante roles culturales impuestos. De esta forma, generan un pensamiento vicioso, en contra del hombre y buscan la intervención del estado para una sobreprotección, a pesar de las favorables circunstancias sociales que hoy en día se viven.

Pero, ¿qué es el patriarcado para las feministas?

El patriarcado se define como un sistema de dominación sexual que es, además, el sistema básico de dominación sobre el que se levantan el resto de las dominaciones, como la de clase y raza. El patriarcado es un sistema de dominación masculina que determina la opresión y subordinación de las mujeres. (Varela, 2014)

Sin embargo; de acuerdo a Jiménez (2019).

Fueron ambos sexos quienes promovieron y perpetuaron los roles de género tradicionales (que también perjudican al hombre), mientras que la terminología actual deposita toda la responsabilidad en el varón al tiempo que invisibiliza y absuelve a la mujer de su construcción. (p.15)

Según Jiménez (2019) los roles de genero se construyeron consensuadamente, es decir; por un intercambio de estatus por protección. Y a pesar de," Los factores históricos son ignorados en favor de una lectura moral del pasado para utilizarlo con fines políticos" (p.36). Esto lo podemos corroborar en la agenda feminista actual, al desacreditar el comportamiento del hombre en la sociedad. Y de esa manera exigir que se incorporen políticas de género. Entre las cuales se encuentran: "Transversalidad de Genero", "Correspondencia Social para Beneficio de las Mujeres", entre otras; por el Instituto de las mujeres de la ciudad de México.

Así pues; para el feminismo moderno, patriarcado: es sinónimo de violencia contra la mujer, por el simple hecho de ser mujer, mejor conocido como: Violencia de genero. "Termino que quedó definido por Naciones Unidas en el marco de su convención para la eliminación de todas las formas de discriminación contra las mujeres" (Varela, 2014)

Y sin embargo "El concepto de género es gramatical. Escribir "violencia de género" equivaldría a decir "violencia de subjuntivo". Una mesa es de género femenino, pero carece de sexo" (Grijelmo, 2006, p.252). Curiosamente defender esta postura feminista llega a ser excluyente, opresora, discriminante…para el género masculino, por el simple hecho de ser varón. "Según el feminismo está comprometido con la erradicación de la violencia" (Varela, 2014) Pero sus actos violentos, mediante el vandalismo, distan mucho de darles la razón.

Entonces, ¿qué es violencia para las feministas? ¿Acaso la violencia solo puede ser ejercida de hombre hacia mujer y no viceversa? Como ejemplo; está su himno feminista que expresa el odio o violencia verbal hacia el patriarcado, es decir; hacia los hombres en general: ¡Se va a caer, se va a caer, el patriarcado, se va a caer! ¡Lo va a vencer, lo va a vencer, el feminismo, lo va a vencer! Así suena, cuando protestan en las calles, en contra del patriarcado y su relación con la violencia machista. Tratando de hacer valido y justificar su vandalismo, que lejos de causar orgullo, y darle un sentido honorífico a su causa, provocan desconcierto por parte de otras mujeres, que, aunque no siendo feministas, apoyarían la causa, de no ser por su comportamiento. Las feministas modernas no representan a todas las feministas, y mucho menos a todas las mujeres.

Se alejan de la realidad, pues la violencia existe, sí, pero no se trata solo de la mujer, como factor de riesgo. Sino que vivimos en una sociedad que decae en valores, respeto y apoyo mutuo, hacia el individuo en general: niños, ancianos, hombres y mujeres. Si se había logrado igualdad de derechos, ahora buscan una desigualdad que proclama atención especial, VIP, por el simple hecho de ser mujeres (feministas), dejando de lado a todo individuo, separando a hombres y mujeres.

La justicia, no debe basarse en clase social, cultura, religión, raza, ni sexo. Debería enfocarse en la protección tanto de hombres como de mujeres, indistintamente su edad, porque la violencia no tiene género. Pero al parecer las feministas modernas no buscan, ni pretenden el bienestar común, es decir; a favor de todos y para todos. La ventaja de la mujer que actualmente se tiene sobre el hombre y todavía exigir sobreprotección, habla de su ginocentrismo. Creyendo que el mundo gira en torno a ellas.

De acuerdo al colectivo *Hombres sin Violencia* (Albores, 2020) "En México cada 4 de 10 hombres sufren algún tipo de violencia perpetrada por una mujer. Sin embargo, solo el 4% de ellos denuncia formalmente debido a ideas machistas y a la vergüenza que la situación les provoca". Mientras que la mujer denuncia topo tipo de agravio, y para erradicar dicha violencia se han realizado cambios legislativos, entre las cuales destacan: "La Ley General para la Igualdad entre Mujeres y Hombres" (2006), y la "Ley General de Acceso de las Mujeres a una Vida Libre de Violencia" (LGAMVLV), 2007. (INEGI, 2016). No se trata de proponer ley, tras ley.

¿Qué pretende esta ideología feminista moderna? Impulsar políticas de género, ocasionar una lucha de géneros, mediante el discurso de odio. Es un movimiento que busca igualar al hombre o, dicho de otra forma, darle forma de hombre a la mujer. Y someter al hombre a su imagen y semejanza. Pretenden erradicar el problema desde la raíz, ¿y cómo lo lograrían? Erradicando el capitalismo, porque según ellas, el capitalismo genera: clasismo, racismo, sexismo, transfobia, homofobia, que, a su vez, todos estos factores están conformados por el patriarcado.

El capitalismo es el mejor amigo de la mujer, así es como titula un capítulo, María Blanco (2017) en su libro "Afrodita Desenmascarada", citando a Deirdre McCloskey," el mercado que defiendo ha sido el gran liberador de las mujeres (y de los esclavos y de los pobres y de las minorías religiosas y de las minorías sexuales" (p.63). ¿Es verdad esto? respondiendo con otra pregunta, ¿podría existir un Ciberfeminismo si no fuera por un capitalismo? Miles de mujeres emprendedoras distribuyen sus productos, gracias a este sistema. Y probablemente esos miles no se quejan, porque están muy cómodas con dicho capitalismo.

Se podría considerar que una de las causas principales es la victimización a la que se somete la propia mujer, sin encontrar una solución a sus problemas, proponiendo ley, tras ley, para que se le compense por la opresión sufrida durante años pasados, por el supuesto patriarcado. Sometiendo a la sociedad a una lucha constante por privilegios, basado en el victimismo. Y condenando al hombre actual, solo por ser hombre. No se niega que exista la violencia o que la mujer no haya pasado por discriminación, opresión…Pero someter al inocente (hombres en general) solo da para más problemas. Como ya se ha analizado, la violencia es por parte de los dos sexos.

Porque no hay una búsqueda real por proteger la vida humana, porque ambos en su papel de víctimas, "tú sufres, pero yo también, solo que se invisibiliza", no hay una unión para luchar por la injusticia que atañe desde niños, adultos o ancianos. ¿Acaso hay una razón más allá, que no esté a simple vista? Para ellas todo se refiere a la opresión por roles de género, impuestos por el patriarcado y que, de ahí, se desprende todo lo concerniente a la violencia de genero. Puesto que su postura asegura que la mujer es el objeto de opresión del macho. Y no hay forma de que cambien de opinión ya que no están dispuestas al dialogo.

Fernando Savater, en su libro "Ética Para Amador" expone un ejemplo; donde explica que una abeja se encarga de recolectar polen para producir miel y un castor utiliza métodos de construcción. ¿Por qué la abeja no hacía lo mismo que el castor? Preguntaba Savater, pues porque cada uno ya está predestinado por la naturaleza a hacer lo que le corresponde. Y a ninguno de los dos se le ocurre hacer lo del otro. Porque ya está plasmado por la naturaleza. No hay un intercambio de roles.

En el caso de los seres humanos, podríamos decir sí, que los roles que anteriormente desempeñaban los hombres y mujeres, han ido cambiando, y son intercambiables, ahora el hombre se involucra más en el cuidado de los hijos y el hogar; la mujer, ahora ya se involucra más en política, cargos ejecutivos, trabajos independientes, etc.

Esto lo podríamos comparar con la postura feminista actual, que ha tenido gran auge en las redes sociales por la supuesta igualdad de género. Que ya no es solo una igualdad jurídica y social, donde la mujer se desarrolle libre profesionalmente, sino que quieren someter al hombre a su antojo.

Al igual que las otras especies, todos tienen derecho a que se les respete y se les trate igual en cuanto a derechos de vivir en un mismo espacio, en el mundo, a compartir lo que nos ofrece y tenemos las mismas obligaciones de contribuir a la mejora.

Entonces, ¿realmente el patriarcado es el único culpable de ejercer violencia, mediante los roles de género o por medio del machismo? Como ejemplo; México, es matriarcal, tanto así que a los hombres que se someten a las órdenes de su esposa, se les llaman "mandilones". El machismo se acaba, hasta que la víctima lo aguanta y no es precisamente dándole "muerte al machito" como lo gritan las feministas modernas a los cuatro vientos. Es aceptando que hay problemas intrafamiliares, buscando ayuda y alejarse del problema. Y es que se escucha fácil, dirán algunas; "pero mis hijos", "no tengo trabajo", "quién me va a mantener"; entonces, no es un problema de patriarcado, son patrones sociales que se siguen repitiendo, por comodidad y por flojera de buscar algo mejor. Por qué, quien ha dicho que los hombres tienen que mantener a las mujeres, eso se le repite a los hijos constantemente, en un mundo matriarcal. La mamá es la que prolonga estás ideas, pues los hijos están al cargo de la mujer por más tiempo, entonces tal vez, debería de analizarse la postura de la mujer sobre el hombre. O si el machismo es respuesta al miedo de ser sometidos por la mujer.

Tanto que Fernanda Melchor en su libro, "Época de huracanes", retrata un México actual y matriarcal. Así es como una mujer adulta, aconseja a una jovencita:

Este mundo es de los vivos, pontifico; y si te apendejas te aplastan. Así que tienes que exigirle a ese chamaco cabrón que te compre ropa. No te apendejes, que así son todos los hombres: unos pinches huevones aprovechados a los que hay que andar arreando pa´que hagan algo de provecho (Melchor, 2018, p. 110)

De igual manera, Esther Vilar (1973) expone que: La dependencia de la mujer respecto del varón es solo material, es, por así, decirlo, de un tipo perteneciente a la ciencia física (p.27). Es decir; aunque la mujer tiene la liberta de elegir actualmente, en una época donde ha logrado igualdad, no decide, no tiene el valor de abandonar su papel de víctima. Y en su caso es mejor exigir derechos, para su beneficio. Buscan la intervención del estado para una sobreprotección.

No hay hombres exigiendo privilegios económicos por paternidad, así como la ley protege a la mujer una vez que da a luz. ¿Por qué? En este caso, la superioridad biológica si cuenta. Pues su excusa es; solo la mujer puede concebir. Tal vez, diferencia que el hombre noto desde tiempos remotos y por eso actuó así o solo de forma noble, sino consciente del estado de la mujer y apelo para arriesgarse a buscar el sustento de su familia, mientras que la mujer cumplía con su rol de madre.

No es bueno nacer varón en la actualidad, o serás responsable de la opresión del género femenino. Y serás condenado a cargar con la culpa de tus antepasados. Porque actualmente ser mujer es causa para ejercer violencia y ser la víctima de un sistema patriarcal. Victimismo que exige privilegios legales y económicos, como si fueran discapacitadas. A favor solo por ser mujeres. Pues utilizan la palara discriminación, como sesgo, para obtener beneficios favorables, pero desde su pedestal discriminan al hombre, tachándolo de culpable, es casi comparable con una discriminación racial.

No se ha visto a feministas manifestarse para reclamar al patriarcado por haberlas dotado de grandes inventos a su favor, es verdad que actualmente tanto la mujer como el hombre, intercambian roles y, ya no son exclusivamente para la mujer. Pero en su momento cuando el hombre salía a trabajar, eran de uso exclusivo para amas de casa. De alguna forma la mujer tenía que compensar el que su marido arriesgara su vida y ser el principal portador económico.

En conclusión, la narrativa de género no puede contestar satisfactoriamente la ausencia de una revuelta armada femenina porque ignora dos factores fundamentales. Primero, que el menor estatus de la mujer tenía como contrapartida una mayor protección, siendo más apropiado entender la relación entre hombres y mujeres como más próximas a la que existe entre padres e hijos que a la dialéctica entre explotador y explotado. Segundo, que, aunque la autoridad solía tenerla el varón, las mujeres podían ejercer otras formas de poder que equilibraban las relaciones entre sexos. (Jiménez, 2019)

Tanto hombres como mujeres son ejecutores de violencia, aunque tengan diferentes roles. La familia es el principal portador de valores, y son responsables de salvaguardar la virtud femenina y masculina, ya que ambos son el pilar de las generaciones venideras. "La violencia desaparecerá cuando la educación y la socialización de mujeres y hombres sean semejante" (Uriarte, 2008)

Terminar con este fragmento, es resumir el valor de un hombre y una mujer, en la sociedad, cuando ambos actúan por el bien común:

La peor ofensa es decir a uno que no es hombre o, lo que es lo mismo, mandarlo a chingar a su madre, ahora bien, en 1926, la mujer le dice al hombre que no es un hombre desde el momento que acepta tal atrocidad. La hermana le dice a su hermano de 15 años que no vale lo que "los defensores de la causa de Dios", y así, no pocos pueblos quedaron prácticamente sin hombres, en tanto que las mujeres trabajaban la tierra para alimentar a los combatientes, o los seguían a la montaña. Esta mezcla de fe y de altivez en los dos sexos fue uno de los factores de la explosión (Meyer, 2003, p.26).

Referencias

Albores, E. P. (27 de febrero de 2020). *En México 4 de cada 10 hombres sufren violencia.* Obtenido de Somos hermanos: https://www.somoshermanos.mx/en-mexico-4-de-cada-10-hombres-sufren-violencia/

Grijelmo, Á. (2006). *La seducción de las palabras* (séptima reimpresión ed.). Taurus.

INEGI. (04 de 2016). *PROGRAMA INSTITUCIONAL DE IGUALDAD DE GÉNERO.* Obtenido de https://sc.inegi.org.mx/repositorioNormateca/Orf_10May16.pdf

Jiménez, D. (2019). *Deshumanizando al varón.* Kindle.

Márquez, N., & Agustín LAje. (2021). *El libro negro de la nueva izquierda: ideología de género o subversión cultural.* Unión editorial/Centro de Estudios Libres. Obtenido de www.prensarepublicana.com

Marx, K., & Engels, F. (2019). *El manifiesto comunista* (Octava reimpresión ed.). Alianza editorial.

Melchor, F. (2018). Penguin Random House.

Meyer, J. (2003). *La Cristeada: Los Crsiteros.* Obtenido de books.google.com

Pinker, S. (2003). *La tabla rasa.* PAIDOS.

Varela, N. (2014). *Feminismo para principiantes.* Penguin Randon House.

ENSAYO X: LA ESCUELA COMO CHIVO EXPIATORIO PARA LA IDEOLOGÍA DE GÉNERO

Por Erika Yanet Solís Estrada

México

"Siempre era peligroso decir la verdad. En un mundo corrompido como aquel, resultaba fatal"
-Taylor Caldwell

¿Qué deberían enseñar a nuestros hijos en la escuela? ¿Biología o ideología de género? ¿Es necesario otorgar la patria potestad al estado, y que sea él quien se encargue por completo de la educación sexual de nuestros hijos? ¿Qué se pretende lograr al imponerla en nuestras escuelas públicas, a partir de la educación básica? En los últimos años hemos estado pasando por un cambio de ideas, que no precisamente se debe a nuestra evolución, sino a una batalla cultural.

La ideología de género es una visión distinta de la realidad, que está basada en la "identidad sexual" donde se idealiza y pretende normalizar "sé lo que quieras ser", identificarse sin ningún fundamento biológico y genético, solo como un cuerpo pensante, donde se descarta el sexo como parte fundamental del hombre y la mujer. Dando lugar a nuevas identidades, en la educación sexual dentro del sistema educativo público y privado como ideología y adoctrinamiento. "Por eso, la educación sexual comete un grave error al introducir la idea de la "diversidad de identidades", cuando en realidad lo que tenemos son distintas conductas sexuales de individuos concretos" (Iturrieta, 2019).

Uno de los argumentos para introducir la educación sexual en las escuelas es que hay que inculcar el respeto por la "diversidad de género" derivados de la orientación sexual, la identidad de género, la apariencia física, las diferencias étnicas, o culturales. Así mismo se afirma que la educación sexual integral propicia un "uso igualitario" del aula y del patio entre varones y mujeres, como así también de los juegos y juguetes en la medida en que se considera que estos no son "exclusivamente de varones" o "exclusivamente de mujeres" (Iturrieta, 2019, p.44)

Lo que conlleva a una contradicción en su teoría de género, al defender la "igualdad de géneros" pero mezclada con la "diversidad de géneros". Según Rothbard (2000) "El ideal igualitario solo puede lograrse si todos los hombres son precisamente uniformes, precisamente idénticos con respeto a la totalidad de sus atributos". Por lo tanto; no es posible lograr dicha igualdad, puesto que tendría que someterse al otro género a la vergüenza y sumisión, para lograr dicho objetivo. Además, la naturaleza así lo quiso, así lo dispuso. Un hombre tiene pene y la mujer vagina, independientemente de sus preferencias sexuales. Y esas diferencias no quieren decir que uno sea mejor o inferior que otro. Sino que cada uno cumple con sus funciones concretas. Y la igualdad de derechos de ambos sexos no es igual a la igualdad biológica.

En pleno siglo XXI, ¿los humanos hemos decidido renunciar a la lógica y la razón? ¿O simplemente el estado ha logrado imponer una forma de pensar coaccionada que no permite cuestionar la verdad? Cuando la información está a un clic de nuestro alcance, temas como la biología, ciencias naturales... han sido descartadas como materias de la naturaleza, puesto que, hemos pasado de lo natural a aceptar la realidad como una construcción social. Los humanos por ser humanos pensamos distinto. Y creemos que esto nos da derecho a imponer nuestras ideas, en los pensamientos de los demás.

Existen corrientes ideológicas como el feminismo radical y el colectivo LGBTI que niegan o rechazan el sexo biológico, es decir; aseguran que, parte de una construcción social, y que no se debe atribuir al género masculino y femenino. Cuando normalmente se asocia el género con las cualidades físicas que diferencian a la mujer del hombre.

No se nace mujer: llega una a serlo. Ningún destino biológico, físico o económico define la figura que reviste en el seno de la sociedad la hembra humana; la civilización en conjunto es quien elabora ese producto intermedio entre el macho y el castrado al que se califica como femenino (Beauvoir, 1999, p.15)

Así es como ha ido surgiendo la *Ideología de Género,* feministas como Simone de Beauvoir, Kate Millet, Judith Butler…han sido estandarte de los colectivos de género, donde siguen influyendo ideas como qué; el sexo biológico no determina el comportamiento de la persona pues solo forma parte de una construcción social y además que está basado en un pensamiento heterosexual que oprime a la mujer y al lobby LGBTI. Donde rige un pensamiento de corte marxista, y siguen aplicando la idea de explotadores y explotados o, mejor dicho, oprimidos y opresores, en una lucha constante de clases.

De tal forma esta ideología pretende abolir o destruir las categorías de "hombres" y "mujeres", género masculino y femenino. Alegando que, la naturaleza es una excusa que el heteropatriarcado utiliza como medio para discriminar estos colectivos. Al parecer en estos tiempos la misma naturaleza resulta opresora para la cultura.

Porque no hay ningún sexo. Solo hay un sexo que es oprimido y otro que oprime. Es la opresión la que crea el sexo, y no al revés. Lo contrario vendría a decir que es el sexo lo que crea la opresión, o decir que la causa (el origen) de la opresión debe encontrarse en el sexo mismo, en una división natural de los sexos que preexistirá a (o que existirá fuera de) la sociedad((Wittig, 2006, p. 22)

Pensamiento que en la actualidad ha tomado mucha más fuerza, asegurando que la heterosexualidad es un sistema de dominación y opresión hacia las minorías de la teoría de género. Siendo que actualmente ya no está normalizado la discriminación hacia las orientaciones sexuales de las personas. Pero que es mucho más fácil hacerse la víctima y generar luchas políticas, para legislar derechos que no solo afectan al ciudadano, sino al país en general; social y económicamente. Tras tratar de imponer leyes, que coarten las libertades fundamentales del individuo. Y que mediante estas leyes se traten de imponer como pensamiento ideológico desde el sistema educativo. ¿De qué forma? Mediante la educación sexual en la ideología de género.

Esta ideología es partidaria de una inconformidad con la realidad. Donde pretenden acercar en lo posible la realidad hacia un ideal pretendido. "Pero aun en este caso, la presencia de la verdad no da derecho a limitar la libertad de nadie, mientras no se convierta en un intolerante de mi derecho a la verdad, a saber, cómo son las cosas" (Darós, 2020, p. 80). Como diría un refrán popular, "Cada uno es dueño de hacer de su culo un papalote" es decir; cada quien es libre de hacer lo que quiera, siempre y cuando no se dañe a terceros. "La expresión que el tiempo ha consagrado para describir esta libertad es, por tanto, independencia frente a la voluntad arbitraria de un tercero" (Hayek, 1960, p. 32) No se trata de discriminar a personas que se identifiquen como parte LGBTI, sino que estas, no limiten la libertad del pensamiento crítico y mucho menos la libertad de expresión. ¿Entonces dónde quedaría la igualdad jurídica de las personas? Por qué seguir enfocándose en exigir derechos exclusivos para ciertos colectivos.

En la actualidad se ha optado por incluir la educación sexual en la ideología de género, ya vigente en algunos países como Canadá y EUA, basada en una aparente corrección política, donde el estado interviene en la educación sexual de sus hijos, y minimiza y erosiona la autoridad de los padres de familia, en su hogar. Permitiéndoles a sus hijos la reasignación de género a temprana edad, sin antes cumplir la mayoría de edad, sin el consentimiento de los padres, y sin permitirles buscar otras alternativas, como ayuda psicológica para sus hijos, o estarían infringiendo la ley. Y está en proceso en otros, como ejemplo; México. El 21 de marzo de 2021 se aprobó en Comisión dictamen que reforma la Constitución en materia de igualdad sustantiva y género. Donde se incluyen términos como: Autonomía reproductiva, matrimonio igualitario, derecho al libre desarrollo de la personalidad, identidad percibida de género, identidad fenotípica, educación integral de la sexualidad, igualdad sustantiva, etc. Gradualmente se está permitiendo por medio de la manipulación del lenguaje, al utilizar conceptos que parecen tener una finalidad noble.

Otro problema es cuando lo exigen al estado, y pretenden que se les de atenciones especiales en el sector de salud, que son muy costosas y esto acarrea más impuestos para el trabajador, para ayudar a contrarrestar el gasto público. Hay miles de personas que realmente necesitan los servicios de salud, que están en pobreza extrema. Y dejar ese presupuesto para cumplir un capricho y a temprana edad, es una contrariedad. De hecho, en New York se autorizó la "ley de genero X" se les quita el género a los recién nacidos, y ya no se registran como normalmente se hacía, niño o niña. Lo que lograrán con esta ideología es desorientar a los niños y confundirlos ocasionándoles problemas psicológicos y físicos.

Un ejemplo claro de este adoctrinamiento se encuentra en el libro *"Cuentos de Buenas Noches para Niñas Rebeldes"* escrito por las autoras: Elena Favilli y Francesca Cavallo, cuentan la historia de 100 mujeres extraordinarias, que lucharon por lograr sus sueños. Libro que a través del crowfunding (financiamiento colectivo) recaudo millones de dólares, por patrocinadores de más de 70 países. Pero incluyen el cuento de un niño llamado *"Coy Mathis"* quien se aclara en su biografía, nació siendo niño, pero a temprana edad, él ya se identificaba como niña, cuando lo llevaron al doctor, les explicó que Coy era una niña transgénero, y a partir de ahí, sus padres sin buscar ayuda psicológica, le permitieron que se identificara como niña y actuar como tal, el problema fue en la escuela, cuando sus compañeros no la veían como niña, sino como niño, y él exigía entrar al baño de mujeres, así que sus padres presentaron una queja y una jueza, declaró que a Coy se le tenía que permitir entrar al baño de mujeres. Ya que él se autopercibía como niña. Tal vez este fue su logro como niña transgénero. Pero que biológicamente no es una mujer. Y no debería estar en este libro. Pero por medio de la inclusión forzada, se tiene que aceptar como niña

Estamos pasando por una presión social para aceptar algo antinatural, una imposición progresiva, está claro que las personas tienen la libertad de elegir, pero no pueden pretender que los demás acepten su actitud como algo normal o natural. Aceptarlo de forma violenta o impositiva, al exigir que se legislen leyes inclusivas que coaccionen una forma de pensar antinatural, y que, al no ser acatadas como tal, se estará infringiendo la ley. Coartando la libertad del ser pensante. Queriendo falsificar la naturaleza e incorporar filosofías alienantes.

Referencias

Beauvoir, S. d. (1999). *El Segundo Sexo 2 la Experiencia Vivida.* (D. reimpresión, Ed.) México: Alianza Editorial.

Cámara de Diputados, LXIV Legislatura. (11 de marzo de 2021). *Aprueba Comisión de Puntos Constitucionales dictamen sobre reforma en materia de igualdad sustantiva.* Obtenido de https://comunicacionnoticias.diputados.gob.mx/comunicacion/index.php/n otilegis/aprueba-comision-de-puntos-constitucionales-dictamen-sobre-reforma-en-materia-de-igualdad-sustantiva#gsc.tab=0

Darós, W. R. (2 de Julio de 2020). *Seducir o adoctrinar. La educación ante las formas moderna y posmoderna de la esclavitud.* Obtenido de Revista Historia de la Educación Latinoamericana: htps://doi.org/10.19053/01227238.11352

Hayek, F. A. (1960). *Los fundamentos de la libertad* (Novena edición ed.). (J. V. Secorún, Trad.) Unión Editorial.

Iturrieta, P. M. (2019). *Atrapado en el cuerpo equivocado.* Buenos Aires: Katejon.

Wittig, M. (2006). *El pensamiento heterosexual.* (J. Sáez, & P. Vidarte, Trads.) EGALES, S.L.

ENSAYO XI: EL "PROGRE" COMO ENEMIGO DE LA LIBERTAD

Por Eduardo Gonzalo Samarin

Argentina

El presente ensayo se plantea dos propósitos principales, por un lado, intentar echar un poco de luz en relación al progresismo, poder discernir que es y que no es ser progresista, rastrear que ideas sostiene alguien que dice ser progresista y las consecuencias finales de las mismas. Por otro lado, y quizá el más importante aún, es el de despertar interés en el lector neófito por las "ideas de la libertad", siendo que quizá no se haya topado con los autores del liberalismo en general y de la Escuela Austriaca, en particular, tanto en materia económica como su filosofía política.

Últimamente, es muy frecuente no solo en el ámbito académico, sino en diferentes espacios de debate político – redes, medios tradicionales de comunicación - observar que los interlocutores se agreden utilizando los motes de "progresista" o "conservador" tanto para ponderar una postura política como para detractarla.

¿Quién no ha observado dicho comportamiento algún político de cierta relevancia tener este tipo de discusiones en los medios de comunicación?

Uno podría pensar que el uso de esas etiquetas no es provechoso a la hora de un intercambio de argumentos, en el caso de progresismo se tiende a utilizar como apoyatura de argumento de autoridad al esconder dentro de si la palabra "progreso". ¿Quién podría estar en contra del progreso? pues un conservador claramente, pero ¿qué es realmente el progresismo? ¿Qué es ser progresista? ¿Qué ideas sostiene alguien que se etiqueta así mismo como progresista? y por sobre todas las cosas ¿cuáles son las consecuencias de dichas ideas? En primer lugar, deberíamos comenzar por diferenciar lo que para la filosofía política es ser progresista de lo que socialmente se entiende como progresismo.

Hay que aclarar que tanto el progresismo como el conservadurismo, no son ideologías sistematizadas sino más bien una actitud o cosmovisión política con la que los individuos analizan la realidad de la sociedad, por lo tanto, las actitudes   progresistas y conservadores pueden coexistir dentro de un mismo espectro ideológico, por ejemplo, un Anarco-capitalista puede ser o no conservador y progresista.

Los conservadores tienden a analizar la realidad de una manera esencialista y teleológica, asumiendo la existencia de un orden natural cognoscible por la revelación, la tradición o la razón. Enfatizando en el deber, la virtud y la naturaleza humana.

En cambio, los progresistas a la hora de analizar la realidad lo hacen de una manera constructivista y existencialista, niegan la existencia de un orden y una ley natural y consideran estos conceptos como obsoletos, ponen el énfasis en la autonomía individual y la realización de un proyecto vital.

Como se puede apreciar a simple vista, esta diferenciación poco nos dice de las ideas que esgrime un progresista y es por esta razón, la imprecisión de lo que implica ser un progresista lo que hace que sea un concepto un tanto resbaladizo para poder asir. Por lo tanto, para evitar sumar más confusión al asunto, utilizare el mote de "progre" para poder darle un poco de forma a tal impreciso personaje.

Los progres suelen identificarse como gente con las mejores intenciones posibles, altruistas y generosamente desinteresados. Son quienes se auto perciben como los luchadores por un mundo más justo para todos. Donde reine la igualdad y la "justicia social". ¿Pero que es la justicia social? Honestamente es imposible de precisar. Si no toma a un grupo de progres y les pregunta por la tan mentada justicia social, recibirá una definición por cada uno. Es un concepto tan impreciso e inconsistente que termina convirtiendo una serie de slogans y cosas que sostienen como indispensables para el desarrollo humano en vez de ser un cuerpo consistente de ideas. No obstante, lo utilizaré para englobar a las diferentes ideas que estimulan a los progres.

El progre tiene en su difuso ideario la fuerte convicción de que todo futuro siempre será mejor, para lograr eso necesita una gradual deconstrucción de los valores que considera como vetustos, obsoletos, ineficientes y pasados de moda. Sean estos la familia, la sexualidad, la libertad o cualquier otro valor que se interponga en su camino. Necesita también tergiversar y reescribir el pasado al mejor estilo de Orwell. (1948)1984. Pululan por todo el ámbito académico intentos sesgados y profundamente tendenciosos de revisionismo histórico en cualquier disciplina, no solo en ciencias sociales.

Para el progre es la teoría la que hace la realidad y no al revés, lo que conlleva a una férrea idealización del poder de los "conocimientos científicos", no hay que olvidar la retórica marxista para blindar su teoría al nombrarla como "socialismo científico". Utilizando esta estratagema intentan blindarse ante cualquier crítica, porque aquel que este en contra de la ciencia, es para ellos un ocultista que se opone al progreso de la humanidad, aunque uno utilice argumentos lógicos para refutar todo su edificio lleno de inconsistencias ideológicas. Suelen servirse de trampas retoricas y falacias argumentativas, necesitando la constante creación de enemigos, dividiendo a las personas ya no como lo hacían los socialistas del siglo IXX y XX en clases sociales, si no en grupos tan heterogéneos entre sí que para el progre el enemigo del progreso social puede ser circunstancialmente cualquiera. Por lo tanto, la convivencia pacífica entre los ciudadanos es prácticamente imposible, siempre surgirá un nuevo grupo oprimido por quien luchar y siempre existirá un grupo opresor en contra partida al cual volcar sus demandas de intervención, todo sea por lograr la utopía en la que ellos tienen en mente.

El progre tiene en su mente una utopía, un mundo donde lo que él cree y sueña como justo, acontece por el simple hecho de desearlo. Una utopía final, un fin de la historia. Tiene la inquebrantable convicción que él es partícipe necesario de ese mundo y que la paz entre los seres humanos se alcanzará cuando todos seamos iguales, por lo tanto, para que ese futuro ideal se realice todos debemos primero pensar igual. Sosteniendo equivocadamente que todo futuro es de por sí mejor que todo lo pasado, aquel que ose oponerse a la utopía y por lo tanto a los cambios necesarios para dar con ese fin será visto, nombrado e incluso perseguido como reaccionario por todo aquel que se precie de ser progre. Aquel que ose poner resistencia o reparo en los mandatos que son exigidos por los progres será visto como un "anti derechos" que es enemigo número uno de la sociedad. El mundo utópico del futuro vendría a ser un lugar sin contingencias, donde nada pasa, nada bueno y nada malo, donde todo pensamiento disidente es meramente imposible, incluso innecesario. Es un mundo sin azar, sin problemas, gris, anodino, abúlico. La distopía de la progre sería muy similar a la novela de Huxley, A (1932) Un mundo feliz, donde todos los problemas fueron conquistados por la ciencia y el ser humano fue moldeado en un individuo apático, desafectivizado, cómodamente adormecido, donde ante la emergencia de algún problema alcanzaría con consumir un poco de Soma. Y para el progre el Soma de hoy es garantía de los "derechos sociales".

Ellos tienen la creencia que un "derecho social" es cualquier bien o servicio que consideran indispensables para lograr una sociedad justa e igualitaria. Por lo tanto, si en algo coinciden todos los progres es en la necesidad de un ente que los garantice de manera gratuita. Necesitan de un Estado presente y sonadamente omnisciente que mediante su implacable vigilancia pública proteja a todas los que ellos consideran como víctimas de la sociedad, de la avaricia y los intereses particulares de aquellos que no quieren supuestamente colaborar por un mundo más igualitario. Con su retórica sobre los derechos sociales y la justicia social generan toda la serie de incentivos para que el Estado se sobredimensione y utilice toda su violencia cercenando la libertad del grupo de turno al que considere como enemigo circunstancial del progreso social. Justamente de la idea equivocada que tienen del Estado y del derecho es de donde surgen los problemas con el igualitarismo de los progres.

La mayoría de las personas consideran al Estado como una institución al servicio de la sociedad que garantiza la justa distribución de los bienes y servicios. Los progresistas veneran al Estado como la apoteosis de la sociedad igualitaria. Como aquel vehículo necesario para mediar entre los oprimidos y el cruel e insensible Capitalismo de libre Mercado. Ya sea por ignorancia o por mala fe, no entienden que es realmente el estado. Y se ofrecen como vehículo ideológico para fortalecer a los políticos que son en líneas generales, cazadores de votos. Es muy frecuente oír en los discursos de campaña a estos personajes muy sueltos de boca prometer cuanta cosa gratis se les ocurra, lo que la gente suele olvidar es que nada es gratis y lo que sea que un político de a través del Estado se paga coactivamente entre todos.

El estado en realidad es el monopolio legal de la violencia en un territorio en específico. Es la organización de los medios políticos, entendiendo a estos medios como una de las dos formas de hacerse con recursos, la otra forma de hacerse con recurso es mediante los medios económicos, el trabajo y el comercio. Si como podrá deducir el lector, medios políticos son el pillaje y el robo. El Estado es entonces una institución política que se hace de recursos mediante el robo, si estimado lector, los impuestos son el robo legitimado de recursos previamente asignados. Es mediante la utilización de la amenaza o la coacción directa que el Estado se nutre de recursos. Es lista y llanamente eso, aunque algunos liberales clásicos erróneamente entendían al Estado como garante del orden social y protector de los derechos de propiedad, es el primero en violarlos. Los progres suelen justificar su existencia y su necesidad por el supuesto contrato social, pero no hay que engañarse, no existe tal cosa. Con el Estado no se firmó nunca ningún contrato, su historia y evolución demuestra claramente que nació y creció a partir de la guerra y el hurto. Dicho sea de paso, hay que aclarar que el Mercado lo pre existe, ya que, al no disponer de medios propios, ya que se financia vía la coacción impositiva, es necesario para su existencia la acumulación previa de una cierta cantidad de bienes a tomar por la fuerza. El Estado no crea bajo ningún tipo de circunstancia riqueza, simplemente la tiene que tomar por la fuerza. Querido lector seguro llegaste a la conclusión de que, si alguien pide más Estado, está pidiendo más impuestos y por lo tanto más coacción. No existe tal cosa como un "Estado bueno" porque los medios para lograr sus fines son violentos, a lo sumo puede existir un Estado menos malo.

La no comprensión por parte de los progres de que es el Mercado es lo que acrecienta cada vez más el poder del Estado por sobre el individuo. Dicho sea de paso, hay que aclarar que es el propio aparato estatal el que dictamina mediante leyes que se puede y que no se puede hacer, por lo tanto, la idea de que es el Estado el que garantiza los derechos es una amenaza enorme a la sociedad. Ya que mediante la capacidad de auto legitimación que tiene puede crear instituciones auto validadas para cometer todos los atropellos a la libertad que a uno se le pueda ocurrir, ejemplos sobrados hay en la historia desde la Revolución Francesa hasta el día de hoy con los regímenes de Corea del Norte, Venezuela y Cuba.

En resumidas cuentas, el Estado es lisa y llanamente impuestos obtenidos de manera coactiva, ya que si estos no fueran una fuente de ingresos mediante coacción el Estado no existiría y uno estaría intercambiando bienes y servicios de manera voluntaria. El Estado es coacción institucionalizada y el progre es hoy el acolito de turno y su mayor aliado. No hay que olvidad que aquellos que reclaman un "Estado de Bienestar" dominan toda la escena pública. Desde el ámbito académico, pasando por la cultura y la educación, todos son progres que piden que el Estado haga algo.

Principalmente los problemas con los progres surgen de la equivocada concepción que tienen de los derechos de propiedad. Para un Liberal-libertario los derechos son universales. Y el derecho sobre los bienes personales deriva de un derecho "natural", transferido por el principio fundamental de la individualidad. El derecho de una persona a sí mismo y a todo lo que sea producto de su energía y su mente. Para los Liberales los derechos son negativos, porque nos prohíben de emprender coacción alguna sobre los demás, solo es licito a modo defensivo. La libertad es para nosotros la ausencia de coacción arbitraria, esto quiere decir que uno es amo y señor de su propio espacio y no debe estar sujeto a las imposiciones de fines por parte de terceros, ni instrumentalizado para esos fines. La libertad es para nosotros un concepto eminentemente político, implica límites a la acción y no es como se suele atacarnos con el concepto hobbesiano de libertad como ausencia de impedimento.

Por lo tanto, los derechos para un liberal no implican la imposición a actuar positivamente en favor de fines que uno no se ha establecido para sí mismo. Esto no sucede con los progres, ya que no tienen ningún reparo en disponer de la propiedad privada ajena, mediante la violencia estatal para lograr sus fines igualitarios. El respeto por la propiedad privada para un progre es meramente nominal, igual que en cualquier régimen fascista. Si bien ellos mayoritariamente suelen percibirse como liberales en un sentido político, no lo son así en el aspecto económico. No tienen reparo en cortar a la libertad en tajos, lo cual es un craso contrasentido, debido a que no se puede garantizar que exististe un marco institucional para proteger derechos de propiedad y a la vez impedir su libre disposición. Es absolutamente compatible con una sociedad libre, la libre disposición de los medios económicos que le pertenecen a uno. Uno debería ser absolutamente libre de decidir poder hacer lo que quiera con lo que es de uno y atenerse a las consecuencias de los actos que emprende sin tener que hacer corresponsable forzosamente a un tercero. Es por este motivo y los ya antes mencionados que el progre es un enemigo de la libertad. Si todos persiguen sus intereses personales, es imposible que se dé un mundo igualitario ya que las elecciones libres tenderán a maximizar la ya natural diferencia entre las personas. El progre no puede permitir que las personas sean libres, es el mediante la ingeniería social el que debe convertirse en el diseñador del a nueva sociedad, según su imaginación, mediante la coacción que le sirve en bandeja el organismo centralizado al que llamamos Estado. Esto es demostrado como imposible por todos los pensadores de la Escuela Austriaca de Economía.

La sociedad para un liberal no es un sistema racionalmente organizado por ningún ente o grupo selecto de mentes humanas en particular. Es eminentemente un orden espontaneo, un largo y extremadamente complejo proceso evolutivo surgido de las constantes interacciones de millones y millones de personas. Y la esencia del proceso social es la creación y distribución de información y conocimiento, que es personal, subjetivo, practico y disperso. Es de este tipo de proceso y de este tipo de conocimiento que surge en la acción

113

humana que se derivará la imposibilidad de socialismo y la de organizar a la sociedad en torno a un organismo centralizado que ejerce coacción.

Es imposible que el órgano que dirige la sociedad de manera coactiva centralizadamente se haga con la información de primera mano que necesita para realizar sus mandatos coactivos. Todo esto resulta en una gran paradoja, se necesita una información para tener existo, pero no se puede hacerse con ella de primera mano por las particularidades de esa información. Que son el inmenso volumen de información disperso en la sociedad, su naturaleza, no es objetiva, es subjetiva, no se puede formalizar y no está coordinada. A su vez esa información no está dada, es creada constante mente por nuestra capacidad innata de descubrir nuevos fines y nuevos medios constantemente. Y por último el impacto coactivo dificulta e imposibilita la creación de dicha información que necesita el órgano director. Por lo tanto, la coacción centralizada que tanto demanda el progre tiene el efecto contrario al deseado, desorganiza y fractura a la sociedad.

Esa información es creada en la institución que tanto odia el progre, el Mercado. Que a su vez es otra forma de orden espontaneo, no está dirigido ni diseñado por nadie en particular, son las personas libremente tomando decisiones siguiendo sus propias preferencias, sus propios fines. Es un inmenso y complejo proceso de creación de información que necesita vitalmente la existencia del sistema de precios que se deriva a su vez de la existencia y el respeto a la propiedad privada. Uno puede creer intuitivamente que lo que se intercambia en el Mercado son bienes y servicio, pero lo que esencialmente se está creando es información a través de los intercambios de los títulos de propiedad. Porque una vez que se realiza un intercambio cualquiera, se registra un precio que es una señal de información y la gente comienza a ordenarse espontáneamente en torno a ese precio. Cuando hay más gente que quiere comprar que vender, el precio subirá, en el caso opuesto el precio caerá. Así se producen los ajustes, esto es auto correctivo.

El mercado es el principal medio por el cual se organiza la vida económica de las personas en una forma pacífica y esto se ve imposibilitado si es interferido por medidas coactivas que principalmente son las que demandan a grito los progres, estas entran en escena y comienza la información a sufrir descoordinaciones artificiales por la coacción estatal y donde antes reinaba el orden espontaneo ahora se produce caos.

Ese caos generado por la acción del Estado genera la creencia errónea de que la falla es del Mercado, por no ser perfecto y termina generando el aumento de intervenciones que generan un ciclo ininterrumpido de fallos e intentos de corrección que llevan a más y más coacción estatal, Esto se denomina "fallo del Estado". A mayor intervención estatal en el sistema de precios, mayor descoordinación de información, así se instaura el proceso por el cual el Estado crecerá hasta su máxima expresión para arreglar los supuestos desajustes del Mercado. Así es como son creadas gradualmente las sociedades totalitarias. El principal promotor de todo eso es el progre.

A modo de cierre, es mi intención aclarar que no pretendo realizar una mera defensa utilitaria del Capitalismo de Libre Mercado por los beneficios económicos que este trae El crecimiento económico y el crecimiento general del bienestar de la población no son asegurados de ninguna manera, la libertad es solo la condición indispensablemente necesaria. La defensa de la libertad es o debería ser eminentemente moral, porque es lo justo. El progre preso del Dogma Montaigne, piensa ciegamente que los pobres son pobres porque los ricos son ricos y con su prostituida creencia en la justicia que poco tiene que ver en lo que Ulpiano nos legó, se cree con la autoridad moral de disponer de la vida de las demás personas y moldearlos cual un Procusto moderno a su imagen y semejanza. Hay que insistir una y mil veces más con que la igualdad y la libertad son incompatibles simultáneamente. Y no es para nada deseable un mundo donde todos seamos iguales, con esto no quiero decir que haya que ser fríamente egoístas, al contrario, la verdadera ayuda por el prójimo nace de la voluntad de hacerlo y no a punta de pistola como lo hace el progre con el Estado. Hay que defender el sistema de libre mercado porque es el único mortalmente ético, que surge de ganarse voluntariamente el favor del prójimo dando vienes de mejor calidad a mejor precio. El capitalismo como lo entendemos los liberales es un sistema de cooperación social, los acuerdos deben ser si o si voluntarios. Para finalizar querido lector dejo una pregunta para que reflexiones. Quizá puedas explicarme ¿Cuánto de lo que vos generas y producís le pertenece a un progre y por qué?

Bibliografía

Benegas Lynch (h), A. y Jackish C. (2003) El fin de las libertades: el caso de la ingeniería social. Buenos Aires: Lumiere

Benegas Lynch (h), A. y Perednik G. (2013) Autopsia del Socialismo. Buenos Aires: Grito Sagrado

Von Mises, L. (2011) Critica del intervencionismo: el mito de la tercera vía. Madrid: Unión Editorial.

El estado: "su historia y evolución desde un punto de vista sociológico Franz Oppenheimer. Madrid: Unión Editorial.

Huerta de Soto. (1992) Socialismo, calculo económico y función empresarial.

Hayek, F.A (1988) La fatal arrogancia. Madrid: Unión Editorial.

Rothbad, M. (2021) La anatomía del estado. Buenos Aires: Unión Editorial

ENSAYO XII: SOBRE EL SIGNO, EL OBJETO DE LA ESPIRITUALIDAD Y LA POSIBILIDAD DE LA EXISTENCIA

Por Jaime Andrés Sánchez Benavides

Colombia

"Quién ve la cara humana correctamente
¿El fotógrafo, el espejo o el pintor?"
-Pablo Picasso

"Retirado en la paz de estos desiertos,
con pocos, pero doctos libros juntos,
vivo en conversación con los difuntos,
y escucho con mis ojos a los muertos".
-Francisco de Quevedo

I

Pensar en la naturaleza, en relación a la posibilidad de concebir una relación de las dualidades naturaleza y espíritu, malo/bueno, individualidad y sociedad, experiencia/espíritu y finitud; sea por contemplación, admiración, belleza, mera impresión o una reflexión estética y/o teórica, remitirá a un último caracterizado en las distintas formas inconcebibles aún -y probablemente se mantenga así siempre- por la mente humana; la realidad fractal del universo, su lógica experimentable y su entropía cataclísmica, va mucho más allá de la posibilidad de representación. El lente cromático que llamamos lenguaje, nuestro mecanismo más refinado de posibilidad consciente, es relegado a nada comparado con la inmensidad de lo no registrado.

Aun así, la realidad dada por el lenguaje y el -posible- límite universal de lo contemplado del universo, nos atrapa en sí, a través de estas y otras caracterizaciones espectrales de la experiencia de sí. Aunque con Kant se haya puesto de manifiesto la gran distancia entre lo sensible -luego, el posterior sentido de la sensibilidad- y el entendimiento, reconocido en la primacía de una razón moral, de la razón práctica; el letargo espiritual que advierte Walter Benjamin está lejos de ser develado. Mucho menos removido.

Parece ser que a pesar del advenimiento de "avance en progreso" con el Antropoceno, la modernidad, la era digital y la tendencia -necesidad- de aceptación transhumanista, jamás se logró desde los clásicos disolver la lucha del hombre contra la totalidad, para hacerla suya; ni mucho menos hemos salido de la época de los románticos y su espíritu-naturaleza. Quienes hablan de la verdad y la posverdad, juguetean con el misticismo y el antagonismo a la dualidad subyacente en la religión; destruyéndola y armándola de nuevo para repetir el proceso de búsqueda espiritual. Las concepciones registradas e impartidas por las generaciones, la experiencia y las instituciones, marcan la pauta en el sentido de la vida; ergo del progreso. La historia no puede ser negada.

Hablar con Lacan es ver que la cadena de símbolos que describe, tiene su condición de control referida a la manera en la cual las concepciones y los valores sobre el sentido de las cosas en la experiencia, se ve socavado por la incapacidad consciente de experimentación; donde las cosas vienen dadas en su quid y su valor precedidos en un discurso, una ley moral o episteme. Y la solución se encuentra en una suerte de autodisolución escéptica.

La otra manera que contempla el existencialismo de Sartre, es reconocer nuestra libertad para poder decidir nuestro propio ser al asumirlo como un propósito para sí, donde nos entendemos a su vez como el ejercicio de la humanidad; aunque se queda corto en la contemplación de sus limitaciones. Estar consciente no es lo mismo que ser autoconsciente; requiere esfuerzo y ejercicios de autopercepción constantes que debilitan la mayoría de los conceptos que enmarcan las voluntades. Permitiendo ver que siempre las luchas reflejan preceptos morales sociales antes que individuales; sentimientos que fundamentan lo propio de la religión heredada o renaciendo.

El ser responde claramente a cómo la experiencia se le presente en su tiempo, pero deja de lado la manera en la cual le afecta el tiempo y pudre las ambiciones de la liberación; los viejos ya fueron jóvenes y tenían sed y ansias de cambio, hasta que se cansaron. "Y eso también le va a pasar a usted ".

En la juventud está puesta la fe, pero ésta está perdida, hay una crisis de valores (que siempre ha estado latente) y la desesperanza ya huele al metal de las máquinas. La única luz es nuestra propia desesperación, la necesidad de rearmar, reordenar y destruir la realidad por medio del ejercicio del arte y el símbolo, afirmándose en el pesimismo sobre la existencia, la posibilidad de una naturaleza humana y su destino.

Aunque por más antagonismo y romanticismo que se presente, el último impulso de unión con dios no es el sentimiento; esta fuerza encuentra camino por medio del conocimiento, puesto que aproxima a la grandeza, la búsqueda de conocer el mundo; la música y las ondas, la física y la geometría, lo divino. Lo cual no es lo mismo a hacer el paralelo al panteísmo y la proposición de un dios que se comparte en todas las cosas habidas y por haber, materiales e inmateriales, en vivencias y sentimientos; generando un sentimentalismo vago y la profanación interpretativa de concepciones dadas por las religiones históricas operantes, que tanto daño le hacen a los conceptos.

La manera de ver el mundo a través de la palabra, ya sea la literatura o la teología, remite y condiciona profundamente la posibilidad de vivir las experiencias subjetivas, dando con las lecturas erróneas de equivaler lo privado a lo público y lo político a lo religioso. La experimentación en el mundo está determinada por sus conceptos, naturalmente se desea mantener el orden y no se permite sino por etapas, en ciertas condiciones, enmarcadas en lo que llaman episteme o ley moral -en sus discursos-, la flexibilización de la estructura; la validez y reconocimiento del mecanismo, se encuentra en la posibilidad de registro y vivencia de estos por medio del pathos, y la asimilación y reproducción casi sistemática de metafísicas experimentadas, siempre por otros y remotamente por nosotros.

La equivalencia de las convenciones ya no se traduce por medio solo de la tradición y la cultura, sino a través de la selección y adecuación de dualidades; como la de divinidad y mortalidad, a la esfera de la dualidad de lo social e individual.

La representación poética no es espiritualidad y el mero sentimiento ya no basta para la fundamentación de la vida social; la inversión ideológica que generan las causas sociales al entenderlas por personales -el rompimiento de la ética humana y el resurgimiento de la moral-, es paradójicamente la principal variante que vuelve pasiva o activa la voluntad; la generación carga el cambio, pero no lo ve, lo prepara. Y el individuo lo ejerce en su autoconsciencia, dándole sentido a decidir por sí y para sí. Sumar a la ecuación la conciencia histórica y espacial, son necesarias para el resurgimiento de la moral personal como entendimiento social del mundo.

Creer en nuestro propio escepticismo no se trata de la renuncia total a lo previo dictaminado y establecido en la moralidad social, sino de un mero ejercicio escéptico de la reinterpretación por deconstrucción de nuestras concepciones teóricas. Reafirmar el postulado teórico de Kant de la razón práctica sobre la teórica, es establecer el ejercicio de una voluntad libre, renovada en la juventud de las generaciones futuras. El cultivar un sentido experimentable en lo humano, es el desarrollo y no el punto final; el humano culto puede reconocerse en todos los textos y representaciones de la experiencia, al realizarse por medio del discurso de sí. Al llegar a ser él mismo.

Pero el mundo que nos presentan las determinaciones previas, es un plano de dolor y desesperación que se redime en los egos, más no el total de lo que representa y contiene la vasija que nos da la posibilidad de existir; la explotación que nos estalla día a día, ha llegado a ser reproducida y hasta alabada en nuestras más profundas aspiraciones. El amor, la familia, el trasmundo, la vida eterna e incluso lo no divino de lo bueno, y lo malo, el infierno y el purgatorio, han sido fetichizados y avasallados por la condena a equivaler la naturaleza de lo divino con el consumo, el placer "mal direccionado" y lo mundano; desdibujando cada vez más sus barreras con lo mortal.

Lo sublime se encuentra en el mismo sentimiento; pero las ataduras emocionales están tan coercionadas, que ya no sabemos qué es sentir y cómo sentir lo que sentimos cuando lo hacemos. Si bien somos de naturaleza performática, la equivalencia de dualidades no puede ser un determinante pragmático del ejercicio moral; lo bueno y malo, lo feo y lo bello no se subliman de igual manera. No por nada se han dedicado corrientes enteras a las reflexiones teóricas, prácticas y pragmáticas en la estética, el arte y la ciencia a tales y muchas más discusiones; la historia y mucho menos la historia del pensamiento, deben de ser ignoradas a facilidad de la acomodación mediocre de introducir en lo cotidiano, todo lo que sirva de una serie de tradiciones filosóficas, esotéricas, religiosas y científicas.

Esto es situar la reflexión en el signo, y más importante, jugar con este por medio de la renovación de la concepción de cada objeto, en cuestión con el quid con el que se están ahora relacionando; ver las concepciones emocionales que han sido heredadas en lo moderno del progresismo en una suerte de secularización, es imposible. Hay que partir de las concepciones dadas sobre determinaciones de la moral social -enmarcadas siempre en la liberación de la religión- para destruirla y volver las diferentes rutinas subjetivas, una posibilidad espiritual. Y así, progreso personal para el social, no al revés

Hay que darse cuenta de que la responsabilidad sobre los actos individuales es necesaria para poderse desligar. Es una mentira indigna que el hombre encuentre su fin último en la sociedad y que se realiza en ella, el marco de esta no determina la personalidad más que las narrativas personales que esté recogen y reproduce; mucho menos el determinismo de tal o cual dios, o del movimiento de los grandes astros. Trascender de la necesidad de pertenecer a, y pensar en pertenecer para, resulta en la capacidad de destruir, en vez de desligar o de solo solapar, el dualismo de la moral social y la construcción de la personalidad individual. Dándole primacía a la autopercepción y el ejercicio de sí mismo.

Por otro lado, el escepticismo con respecto a lo espiritual, no significa el desconocimiento de realidades irreductibles o la negación de develamientos de verdades, en creaciones o cambios de indicadores epistemológicos. Aunque jamás hay que dejar de lado la rigurosidad y uso de los métodos para establecer grados de elaboración cada vez más elevados a las concepciones que permean el pensamiento y moral social; cada vez la creencia en la ciencia gana más números y su inclusión al mundo de lo social está dando más frutos que nunca.

Ha descubierto el lenguaje individual, y el discurso del experto, ahora más con la pandemia que azota la economía y la estabilidad política de los gobiernos, permea todos los ambientes de las casas. La ciencia como nueva episteme, está anticipando en su presencia más que nunca, la pérdida total de conciencia colectiva y la manera en la que se manejarán las esferas vitales en tiempos futuros. Si bien las proyecciones para la salud, la biotecnología, la informática, la IA, la física cuántica y de muchos más campos se mantienen en sus lineamientos del progreso, la época que vivimos es el gran determinante del cataclismo universal que cada vez se avecina con más velocidad.

Y en un panorama trágico de dilatación ontológica, lo que escépticamente podría equivaler como naturaleza de lo humano, radica en la posibilidad de sus narrativas en la experiencia instantánea, finita y subjetiva; la idea es lo que existe y se reproduce. Es la manera en la cual adecuamos las verdades y categorías elaboradas de verdad, lo que determina nuestra condición vital en la voluntad; el cómo le damos sentido universal y existencial a nuestros sentimientos individuales y las representaciones del mundo que comprenden lo más íntimo de nuestro estar en lo cotidiano.

Bibliografía

Benjamín, W. [1912-1916] (1993). La metafísica de la juventud (1.a ed., Vol. 2.). Ediciones Paidós Ibérica, S.A.

Michel Foucault y Noam Chomsky (noviembre 1971). La naturaleza humana: justicia vs poder. Un debate. Elders (Presidencia). On Human Nature. International Philosophers Project. Holanda. Escuela Técnica Eindhoven.

ENSAYO XIII: SOBRE EL SIGNO, EL OBJETO DE LA ESPIRITUALIDAD Y LA POSIBILIDAD DE LA EXISTENCIA

Por Jaime Andrés Sánchez Benavides

Colombia

"Nothing records the effects of a sad life so graphically as the human body".
-Naguib Mahfouz

"I was gold.
It was the most pleasurable sensation I had ever known, like an orgasm.
It was the secret of life, the alchemist's secret of life".
-Anaïs Nin
II

La experiencia humana no tiene sentido más que por sí misma. Contemplar falacias existenciales, es equivaler la vida a un determinismo o una lógica de destino fantástico que redimirá el sufrimiento de la conciencia. La praxis no es lo mismo que el pensamiento y sus variantes, lógica que el progresismo cada vez más intenta desdibujar; la pedagogía y el progreso por medio del sentido moral de la educación, son los principales culpables de sustituir la realidad espiritual del ser humano por la mera configuración virtual de su esencia.

Aceptar una nueva realidad virtual y digital es la equivalencia de la evolución a un nuevo estado mórbido, más allá de la propia metafísica y física, plasmada en la escritura y posibilidad de grabación de la conciencia; donde las escuelas como parte importante de las instituciones encargadas del mantenimiento y reconstrucción del orden social, han fracasado en su proposición para la formación de conocimiento. Mucho del potencial experimentable posible de las máquinas se encuentra limitado por nuestras propias barreras creativas y de acción; gran parte de las posibilidades de progreso, se ve desperdiciado en las aulas por la limitación entregada de lleno a las elaboraciones epistémicas y/o corrientes humanistas o espirituales que se manejen.

Cada vez más las enseñanzas por conciencia de lo natural o de lo público, remiten discursos manchados con ansias comerciales o meramente lucrativas; los mensajes que no solo objetivizan al ser humano, sino que lo convierten en un producto de sí, son más bien antípodas del sentido del progreso que una protección necesaria. No somos un virus, ni una plaga, mucho menos un ente destructivo que no puede comprender sus límites y pulveriza el ambiente donde se instala; nuestro origen y sentido es mucho más que la reducción a nuestra irresponsabilidad y desmedida estupidez. No es nuestra naturaleza que lo que creemos sea usado para destruir (Besson, 1997).

El hecho de comprendernos como amos de todo lo que pretendemos y la posibilidad de ser lo que queramos, no es el solo destruir las barreras o categorías que condicionan la posibilidad de la experiencia, representa el progreso hacia una realidad cada vez menos utópica que contemple el límite del ser en el ser mismo; y no por el ser mismo.

Pensar sobre la verdad, requiere comprender categorías o construcciones más o menos elevadas sobre unas mismas realidades irreductibles, completamente irremplazables; y, aun así, posibles en su experimentación completamente distinta en las dimensiones más subjetivas. Es poder equivaler metafísicas y discursos sobre visiones de realidad; comprender que por más de que innegablemente seamos en esencia, lo equivalente a lo que compone los cielos y da nacimiento a las galaxias, las plantas, los animales y lo demás que puede ser comprendido -y lo que no- como el conjunto de partículas congregadas; no somos lo mismo. Siendo realidades simultáneamente experimentales.

Hay una barrera insondable entre el total y yo, por más que me contenga y yo le contenga a él, hay una fatalidad de hacer de la necesidad -en el yo- de la percepción de sí, piedra angular de la determinación de una libertad esencial. Aunque a la vez, por la manera enigmática en que la máquina trabaja, somos antenas que, por distintas condiciones, rituales, ejercicios e inmersiones, se ven sometidas a sintonizar una conexión con el todo ilimitado; y a sentirlo simultáneamente, durante la experimentación de la condición de individualidad.

No es mentira para nadie que tenga un marco de referencia sobre la meditación y la experiencia mística y/o la experiencia religiosa, que las visiones y las visitas a antípodas de la mente, son constituyentes de no solo las iconografías teológicas, sino de la composición de sus símbolos y gran parte de sus enseñanzas; incluso clave en su posible explicación metafísica. Hay un gran trayecto, una basta literatura y casi incontables maneras de expresión para la relación con lo divino; es tanta la pasión del ser humano por la idea de dios, que no hemos encontrado con las maneras más refinadas para entenderle y verle en el arte, la matemática, la música, la geometría, la poesía y en cada rincón del pensamiento. Siempre sin descanso y con una voracidad casi divina.

Aunque, sin embargo, con la aceleración del mundo y la retórica auto animada de la salvación en lo particular, se enmascara a la lucha política, el sufrimiento, la inocua redención religiosa, el malestar moral de lo social y la pestilencia del culto. Cuando se centran las narrativas y discursos en socavar cada beneficio social, a costa de la memoria que liga el contexto a predisposiciones tolerables -o no-, desaparecen las búsquedas por la justicia social, la formulación de lo moral y la condición de espiritualidad, atada al sentido esencial de lo divino. Generar una simplificación de la vida a partir del ejercicio constante de un optimismo cruel, no resulta en el olvido o en la liberación de lo que acongoja al corazón, mucho menos a la razón. En lugar de crear una condición de resistencia, da justificación a soportar cualquier situación por "intolerable" que sea; redimiendo el sufrimiento en una esencia que no le corresponde.

No estamos acá para sufrir y el sufrimiento no es existir, tampoco elegimos sufrir o cómo hacerlo, no podemos pararlo a voluntad y mucho menos convertirlo en liviano de la noche a la mañana sin sentir y ver cómo nos cambia; no nos define, pero orienta en gran medida la posibilidad de experimentar. Centrar una concepción y validez a un sentimiento universal en uno mismo, a costa de la selectividad de una consideración autotrascendente, acorde a lo que puedo sacar beneficio de, no es más que un egocentrismo disfrazado de amor y valoración individual; la máscara se quita y deslumbra la cara de la resignación y aceptación tácita de un orden que no le pertenece y del cual no se responsabiliza nunca. Resultando en la consideración de rendirse a una posibilidad; eterna e irremediablemente única.

Los discursos funcionales; "debemos ser siempre positivos y ver la cara buena de las cosas"; "solo se debe sentir amor y perdonar porque la resignación nos corrompe y el odio es malo", junto a los demás discursos que niegan las realidades emocionales y por ende sociales de los individuos, no son más que instrumentos conservadores del orden, que se prestan como pistones para la combustión que da impulso a las clases dominantes.

Los seres humanos somos performativos y reconocer una naturaleza cambiante, multipolar, transcultural y universal, nos permitirá mayor flexibilidad para ejercer libertad. La misma parte de mí que se maravilla y le apasiona la vida, se quiere morir; la que ama puede odiar con la misma intensidad; la que es valiente también quiere correr cuando no encuentra aristas; la que ama el sol también odia el calor y la que quiere ser eterna desea no haber existido nunca. La naturaleza de la conciencia precede el poder reconocer la pluralidad en y desde el ser, más no por el objeto de sí.

A pesar de todo lo escrito y dicho, nada se nos ha dado de una u otra manera, en distintas condiciones de privilegio y posibilidad. Y ¿Qué más da? Si la solución entregada a la posibilidad eterna de la existencia, soporta la tenacidad de sentir como el cuerpo caduco. Sin falta el tiempo cobra factura al cuerpo humano y registra en su memoria tan gráficamente el paso de la vida, en cuanto se relaciona más traumáticamente o más en paz con la experiencia. Cualidad que la mayoría dejan de lado al establecer condiciones religiosas en concepciones morales que pretenden ser espirituales; el síntoma siendo objeto de una imposibilidad. El reloj algún día parará y mientras tanto, somos el tiempo que nos queda y lo que hacemos con él, contando con la posibilidad de ser mejores que el momento anterior.

Hay que recordar los límites que constituyen la experimentación individual, no todo puede ser todo siempre y en todo momento; y eso es una realización necesaria para distanciarse del monismo y trascender del panteísmo. Pretender encontrar valor intrínseco en la redención de las acciones pasadas, presentes y futuras, en una post realidad fuera del marco del tiempo experimentable -hasta donde se conoce- y sin genuina voluntad propia, es una verdad muy cómoda para dejar la carga de la experiencia humana llevarse casi sola y ser pagada a cambio de casualidades misteriosas. Sí, sufrimos cuando obramos mal, pero la redención no es el perdón exterior, sino el interno; el valor no es intrínseco, es otorgado a partir de la adecuación simbólica que destruye y reconstruye constantemente la moral personal a costa de sí y del otro.

El ejercicio de la libertad no se reduce a la mera cuota ética de que "mi libertad va hasta donde se encuentra la del otro"; falso, en la época de las más altas exigencias de la moralidad ajena, las reclamaciones por la verdad y lo justo se encuentra como intrusivo y hasta destructor de la identidad. Creemos ser los dueños del mundo porque de cierta manera tenemos control sobre un pequeño cuadro que nos define y da realidad, y nos chocamos las fauces con intensidad al ver y sentir cómo el mundo sigue su curso, sin parecerle importar nada a nada del total del que se hace parte siempre.

Por otro lado, lo material no es solo lo tangible, hay realidades y posibilidades de experimentación que van mucho más allá de las consideraciones de tal dualidad, por fundamental y constitutiva que sea. El signo en su capacidad de equivaler misticismo, esoterismo, positivismo y un sinfín de distintas clasificaciones epistemológicas, trasciende y a la vez, define la lógica de la identidad, por medio de su posibilidad de configurar y evocar. Ya el concepto es más que su propia posibilidad de representación, lo símbolos conjuran por sí solos más de la información y metainformación que contienen, en lo que puede ser referido como "condición inicial"; Salvatore Garau vende una escultura "invisible" por quince mil euros, y en su absurdez, inevitablemente es un grito en la estética y un guantazo al arte; además de que la realidad evocada por su "contemplación", comprende toda una construcción metafísica referida al trayecto pesimista de la humanidad y claro, la misma historia del pensamiento.

Las consideraciones estéticas al igual que la moralidad son establecimientos de sentido que dan columna a la experimentación; pero a la vez la limitan determinándola incansablemente. La flexibilidad está en que tanto nos disponemos a ser laxos para moldear, quitar o establecer reglas en las concepciones; sólo dada en la posibilidad de experimentación. Cuando no se puede experimentar, se escucha, lee o retrata la experiencia de los otros, ésta da la proyección/información que anuda el tejido existencial/social/histórico en la conciencia individual. Por medio de la experiencia del otro, en contraposición y fusión con la mía, tejo el sentido estructural de mi ser.

Siendo la razón por la cual es tan importante que el signo tome primacía en el análisis sobre la manera en la cual se determinan las condiciones morales sociales y éticas para la experiencia humana. Por medio de nuestra actuación en el mundo, lo cambiamos y somos cambiados a la vez, por las consecuencias de nuestros cambios; el lenguaje dialoga con nuestra posibilidad y capacidad de alterar y adecuar el ambiente y las condiciones en las cuales las últimas consecuencias de nuestra conducta se ven reflejadas.

Nos defendemos de la exquisita locura y la entropía interminable del mundo por medio de nuestros conceptos, todos queremos seguir viendo imágenes espectrales y creer que esas construcciones son lo que debe ser. El negarse a aceptar que hay una realidad que no sólo es poesía, es inútil; añadir la languidez al léxico como una reivindicación de la toxicidad que representa la universalidad de la idea, permite ver la diversidad que atañe a cada individuo. Los sentimientos y emociones no deben ser demonizados; catalogar en "correcto", "tóxico" o "irrisorio" realidades necesarias como la experimentación de la rabia o la frustración, solo enmascaran el sentido de irresponsabilidad moral de la redención divina indignamente ilimitada.

La vivencia de lo feo y lo desagradable es importante para formar herramientas que nos permitan enfrentar un mundo entregado en preconcepciones extremadamente pesadas simbólicamente. Es propio del ser humano creer que su manera de estar en el mundo es la única que merece ser tenida en cuenta y valorada intrínsecamente por su posibilidad, mientras simultáneamente en sus actos representa la naturaleza de la disolución; anhelando el monopolio de la aniquilación.

Es complicado reflexionar siempre y constantemente sobre tantas cosas, y pensar, representa un ansia casi vampiresca de automutilación simbólica, siendo razón por la que muchos prefieren darle sentido a la vida con y no a través de ella. Es lógico que el orden del vacío cuántico sea un total algo desconsolador y sin sentido, la mayoría no reconoce la experiencia mientras la experimenta; porque ellos mismos han dejado la esperanza en manos ajenas, a causa de renunciar a la responsabilidad; no son poseedores de su espíritu y sólo mantienen sus limitaciones internas a raya, gracias a la rutina que se expresa meramente en futuro.

La diversión y el maravillarse está entonces en renunciar a la experiencia ajena y sin dejar de lado la develación de las verdades, tener fe en que existe "la verdad", aunque todo lo pensado hasta el momento se pueda convertir en error. Solo quien tiene la posibilidad de pensar de manera tan abstracta puede encontrar, más allá del valor intrínseco en las cosas por su concepción, el valor otorgado a las mismas en la relación que tienen consigo. Y se sentirá afortunado y agradecido por la divinidad de lo maravillosamente cotidiano del presente; solo el que ha conocido el caos entiende y puede dar valor suficiente a la paz, siéndole posible relacionar su equivalencia universal, social e individual.

El valor y el sentido deben dejar de fundamentarse únicamente en lo inexperimentable, es lógico que la vida y lo que puede ser referido al "espíritu del ser", carezca de sentido alguno para quienes de antemano no tengan ninguno de los dos. Vivir sin el espíritu, entregados a una violentada infinitud, resulta fácil y más ligero. Es nuestro deber volvernos intensos en cuanto a la importancia de la finitud y lo frágil de lo estacionario; sentir abundantemente cada particularidad de la posibilidad que uno experimenta de sí mismo. Evitar que "la experiencia" se convierta en pura inespiritualidad, no volverse intolerante a la experimentación, y vivir en el esfuerzo por sí y la búsqueda de la grandeza del valor personal en cada momento durante nuestra peregrinación entre la mortalidad.

Referencias
Besson, L. (director) y Ledoux, P. (Productor). (1997). El quinto elemento [DVD].
Gaumont Film Company.
Bibliografía
Benjamín, W. [1912-1916] (1993). La metafísica de la juventud (1.a ed., Vol. 2.). Ediciones Paidós Ibérica, S.A.

Michel Foucault y Noam Chomsky (noviembre 1971). La naturaleza humana: justicia vs poder. Un debate. Elders (Presidencia). On Human Nature. International Philosophers Project. Holanda. Escuela Técnica Eindhoven.

ENSAYO XIV: LA BELLEZA PERDIDA; EL SIGNO DE LA DECADENCIA ESTÉTICA EN OCCIDENTE DESDE LA LITERATURA

Por Ivaán Brito
México

¿En qué punto de la historia estamos arrojados a un destino impúdico? ¿Convivimos con fantasmas, algunos espectros europeos, grotescos o conocidos, como lo fueron para Marx? ¿Vemos hacia un futuro que no sacia, anulado con la gula de un porvenir insalvable, como retrato inacabado de Da Vinci? ¿Recorremos verdes valles o colinas ensangrentadas con desdicha u olvido de todo lo que algún día fue sublime? ¿Qué cuadros pintamos al no imitar ya nada sino desfigurando, con pinceles amorfos, la realidad de una mimesis aristotélica ahora inexistente? ¿Somos la broma que cayó en mal a un rey inveterado a la costumbre con la que no se le eximió al bufón de su castigo? ¿El drama en Shakespeare que se repite, según Kott, el polaco talentoso, en Ricardo II, o III? ¿O el despojo del medioevo en la literatura de Cervantes, de Felipe II, sus penurias inmemoriales, o la vuelta de página para el desastre del III? ¿Eco, Jacobson, o Hjelmslev tratando de explicar sin contradicciones cómo nace un nuevo signo desde una institución, o desde un esplendoroso espíritu creador, entalegado, solitario, abandonado en una serie de reglas que se rompen u olvidan, con intencionalidad, en una novela de Joyce? Pero todo esto ya lo sabemos.

Podría hacer muchas de estas citas, más aún, repetir cuanto se ha dicho, hace tanto, cuando Occidente escuchaba. Les puedo jurar que así sería, como Heidegger reclamando el por qué la poesía no es más un canto trascedente de dicha para dirigirnos al creador como creadores de aquello que entendíamos como estético, o los románticos absortos en algo que subjetiva la experiencia de lo bello, que la reduce apaciblemente a una explicación racional de cosas que vemos a diario como la primera vez, con una emoción fortuita o cruel. La extrañeza es, entonces, el verdadero arte en el signo según Eco, siempre que se respete lo suficiente la institución lingüística en cuestión —la lengua— para que sea entendido el mensaje que procura comunicar algo. Entonces, el arte es más que una experiencia, no es sino un hecho, el acto de caer en el desconocimiento de algo que, sin embargo, intuimos a tientas que conocimos. Es la familiaridad de lo extraño, aquello con lo que podemos empatizar sin sentido, al menos por un instante. Aunque, como sabemos, el tiempo lo olvida todo.

Por todo esto, sin afanes de cobardía, insulsa o vergonzosa, ni mucho menos para opacar la soberbia de otros, que resplandece también para ciertas verdades, que no pasa desapercibida, imitaré a los que se dedicaron a no importarles más el agujero en el que, antes implícitamente, estamos cayendo. Como Nietzsche al silencio de Goethe, o Paz a sus ensayos, las citas formales pueden o no sobrar en este ensayo. Diré lo que deba ser dicho. No veré un solo remanso por tratar de formalizar algo que es un último grito de auxilio, o el inicio de una nueva época. No verán aquí citas formalizadas. La certeza de lo que les digo estará acompañada de su peculiar tono, por lo que, si este ensayo logra cierta elocuencia, aunque fuera por casualidad, entonces podrán atesorarlo en sus mentes sin necesidad de citar todo eso que no importa.

Como para Bermúdez López, siendo el poeta, alto ensayista del lenguaje, hablar es existir, pero en realidad todo lo que llega uno a hacer al hablar, escribir, comunicar, es significar. El signo es pues, la esencia del arte. En ese caso, el arte es mudo. Baudelaire ya había hablado de que el hacerse hombre —no sólo de edad, sexo, sino comenzar a existir como algo razonable— entiende a las flores, al lenguaje de las cosas mudas. ¿Quién escucha la voz de las cosas mudas?

Los objetos siempre están hablando en su forma más pura, en su lenguaje, de la manera más grácil e inocente a nosotros. No debería extrañarnos entonces que, muchos artistas, desde van Gogh, Rimbaud, Sweig, Wallace, Mishima, Munch, Miguel Ángel, Plath, Pizarnik, entre otros cientos, sufrieran la enfermedad de una inestabilidad hermosa del alma. El dote de la personalidad artística merita siempre un salto a la incertidumbre con el que no se puede vivir tanto tiempo. Al menos no el que se deseaba, si es que algo deseaban. La apología de los vicios, los excesos dionisíacos, la amoralidad de su arte, o acaso también la propia esencia, su esencia de artista es amoral e inmoral, o inmoral. Como artistas, sus obras no persiguen fines morales, pero no sabemos si en su propia intencionalidad existan finalidades morales.

Pero, en todo caso, el signo viene de alguna parte, si no fuera así caería en una contradicción. Sólo hay dos posibles formas —al menos hasta ahora—de enfrentarnos a este dilema: el signo nos fue dado, o creamos el signo de algo inexistente. ¿La cualidad de significar viene tan sólo con la abstracción genética heredada en una mente corporal dando chispazos e impulsos eléctricos? ¿Cómo racionalizamos esa información física a formas puras o estructuras mentales, imágenes o recuerdos, conceptos u palabras, o signos? Un humano, pues, se mide en su capacidad de abstracción. En ese sentido, no existe contradicción al decir que fue creado, como al decir que es creador. Quien quiera buscarle alguna vicisitud a esto, tendrá que omitir sus obviedades. La discusión sobre la genealogía del signo termina por ser, al fin o al cabo, un falso dilema. Si el signo nos fue dado, fue apenas como una semilla insignificante que germina —en unas mentes más que en otras a lo largo de la historia— de forma volitiva o azarosa. No podemos escapar de significar, ni de la significación, por ende, no podemos escapar de todo lo teorético, de las formas filosóficas clásicas de la verdad, la bondad, la belleza.

Pensándolo un poco más a fondo, estas tres grandes ramas envuelven a toda la historia de la filosofía, a toda la historia del pensamiento humano, como diría Hegel. La verdad es encargada a la lógica, la epistemología, la ontología, aunque, en cierta medida, le corresponde a la semiótica, ya que en los signos que constituyen el lenguaje podemos desnudar un poco a los objetos, la realidad, todo aquello de lo que se puede –o no—hablar, como diría Wittgenstein. La bondad se atribuye a la moral, a la ética, incluso roza a la política, pero también en la expresión retórica, es decir, en el signo de las palabras que cambian la historia, como un discurso de Julio César o Hitler, Napoleón o Luther King, las palabras que mueven a las masas a actuar, porque que tiene que ver con la filosofía práctica, entendiendo a esta dentro de los parámetros del estudio de lo bueno, la bondad. Por último, la belleza. Lo bello, expresado claramente en por medio de la obra de arte, de los actos, de la representación, con esencia, con existencia, es decir, como signo, como objeto.

En ese sentido, todo lo que podemos llegar a conocer se vuelve inteligible por medio de los signos que lo esclarecen. No por nada Heidegger hizo una alusión recalcitrante al decir que el lenguaje es la morada del ser. Todo cuanto existe es porque existe en el lenguaje, aunque no sea el lenguaje mismo. Todo puede ser significado. La única forma de entender el mundo es a través de la apertura perfectible o sublime del ente a los signos. El lenguaje son los signos que comunican. El arte es entonces el signo que se abre por medio de un objeto, de un ente, sea material o trascedente, que está significado-significando, que comunica la belleza, aunque todavía no se esclarezca si esta se presenta en forma de una intuición bergsoniana, husserliana o de otra índole, incluso si sólo es una particularidad en sí misma.

Como todo en su forma dialéctica o antónima, estos tres rubros que abarcan la filosofía, están avasallados por el signo. Cada uno tiene su contraparte: lo falso, lo malo, lo feo; la falsedad, la maldad, la fealdad. Los límites semánticos deberían estar perfectamente entendidos para estos conceptos. Sus referencias ontológicas deberían ser certezas para guiar el pensar, el obrar, para generar una perspectiva ordenada de la realidad. En cambio, hubo un momento de la historia del pensamiento donde, más que en cualquier otro punto, un argumento fracturó todo este sentido. El perspectivismo, el extremo subjetivismo.

Hessen explica perfectamente en su Teoría del conocimiento la postura idealista, realista, sus pros, sus contras, entre otras implicaciones reglamentarias, sin quebrarle la cabeza al lector que sólo busca calmar un poco su curiosidad. Esta ruptura, si bien se venía gestando desde antes, sobre todo en la literatura a partir del romanticismo alemán que, aunque bebió del clasicismo en una forma de expresión mucho más "elevada", pierde el rumbo al momento de no hablar de nada más que del sujeto, su experiencia sensible o sus opiniones sin ningún filtro, ninguna abadía moral, aunque los personajes obren.

No por nada Nietzsche, siendo un filólogo clásico, no precisamente un filósofo, es el que marca el elogio del perspectivismo más férreo. No podía ser de otra forma. Si bien, se acaricia al idealismo desde Kant o sus predecesores, dando primacía al sujeto del conocimiento en lugar del objeto –esto no implica que para Kant no tenga importancia el objeto, sino que entre esa relación trascendental, en términos kantianos, es el sujeto el clasifica todo lo que se obtiene a través de los sentidos que dan una persistencia necesaria de la realidad tangible, no como la forma de esta interpretación en Dilthey—, es en Nietzsche donde este elogio ve su nacimiento, donde el único creador de lo que puede llamarse ilusoriamente verdad, o real, es el hombre mismo, el "ser hermeneuta". Hemos "asesinado" a Dios porque para Nietzsche nada existe sino en tanto el hombre puede crearlo. Un humanismo fortísimo, tanto que, aún en Sartre, el existencialista contemporáneo por excelencia, el elogio de la existencia por sobre la esencia que es creada a partir de la experiencia de existir, de estar arrojado en el mundo, es un humanismo. Para ellos, el único objeto que importa es entonces el sujeto, sea como consciencia fenomenológica arrojada a los objetos de forma ineludible, o sea con un espíritu apabullante e inacabado. Sea como sea, tenemos que entender que en realidad no hay sujeto, sino objeto, un ente significante-significador, que a su vez fue creado por la circunstancia, pero que también es partícipe de la creación, no sólo desde la perspectiva biológica, sino estética, por medio del arte. Entonces, el ente creado-creador-significado-significador es el objeto que se significa a sí mismo —aunque no por eso se da su ser—, pero que significa también a los entes, increados o creados.

Decir que existe una libertad sartriana, o nietzscheana, es el equivalente a decir que cualquier cosa es arte, porque es aceptar, unívocamente, el hecho de que depende por entero del sujeto, no de la obra en sí misma. Esto no sólo es un error ignominioso, sino una postura estética contradictoria. La polisemia en el arte —incluso en el lenguaje mismo, desde sus signos más simples— es una de las preguntas que más dolores de cabeza le ha dado a los estetas, semiólogos o lingüistas de todas las épocas.

Para Eco, la experiencia estética no era una cosa inexplicable, no era aquella sensación romántica de iluminación o goce perpetuo durante un determinado tiempo de apreciación. Esta sensibilidad venía precisamente del grado de conocimiento sobre los signos que componen a la obra de arte que se pone frente al ente visor u observador—sea libros, fotografías, videos, pinturas, música, etc.—, entre más supiera reconocer sus signos, los signos de los que está formada una obra de arte como signo sublime, cuanto más la entiende, se devela su significación estética, aunque no precisamente veraz, pero, a su vez, al hacerla inteligible, el goce disminuye, provocando que, lejos de sentirse como "arte", se vuelve inmanente, un simple objeto de conocimiento, como un silogismo para el lógico, o una ecuación para el matemático. El arte, por supuesto, pierde su profana esencia mística, ese aroma de imposibilidad inexplicable.

Sin embargo, los estudiosos del arte, a diferencia de los artistas, pretenden explicar el arte como un objeto de estudio, no como ente creador —el artista—. Es por eso que, genios de la crítica literaria como Bloom nunca pudieron —o tuvieron— que haber escrito por fuerza algo como Fausto, El mercader de Venecia, o el mismo Ulises. Dos esencias distintas de apreciación sublime del mismo objeto, uno como erudito, otro como creador. Aunque el erudito crea algo al hablar de otro ente creado, el ente creador igual significa a su ente creado con algún sentido delimitado desde su subjetividad intencional. Aquí se asoma la visión que se tendrá sobre el arte, sus parámetros estéticos. Pasaremos a eso después.

Por otra parte, para Hjelmslev, simplemente no existe –o mejor dicho no puede existir—una denotación pura. Cualquier signo puede significar cualquier cosa bajo ciertos parámetros temporales, institucionales, semánticos. Pero, para esto, la necesidad de un ente significador –o creador—, debe hacerse presente. Por lo tanto, hay una metasemiótica de la semiótica connotativa. Explicándolo en términos entendibles, cualquier signo, aunque, esencialmente en este contexto no tenga cierto significado, sino otro –normalmente el que viene institucionalizado, delimitado ontológica o semánticamente, en su pluralidad o singularidad—, tiene la característica abierta a la posibilidad latente de significar cualquier cosa en cualquier momento. De hecho, esto explica cómo es que nacen nuevos significantes. De cierta forma, es algo analógico a la teoría de producción de signos de Eco.

Hjelmslev parte de que, si existiera una denotación pura, el lenguaje sería una institución no creada, sino simplemente creadora, inamovible, o muerta, en última instancia. Puesto que los signos sólo significarían lo que significan de forma unívoca. La pobreza de la lengua sería una de sus propiedades importantes. Pero como nacen nuevos conceptos, nuevas palabras –como mencionaba Chomsky del órgano del lenguaje que, de manera más notorio, se observa en los niños que le dan nuevas significaciones a cosas que tienen un significado institucionalizado, porque ellos no conocen de las reglas estrictas para poder comunicar cosas a través de los signos—, nuevos conceptos, en general nuevas formas de entender el arte, sobre todo el arte como la mayor forma de expresión libre del sujeto no libre. La voluntad intencional hecha obra, es uno de los pocos actos libres que existen para el ente creador-creado-significado-significador. En tanto más entiende los signos, el ente creador-creado se abre a lo sublime, a lo bello, porque, no sólo conforma a un objeto de estudio, sino a la experiencia de crear.

A partir de esto, como menciona Di Girolamo, hay muchas contradicciones que todavía deben ser resueltas. Si hay denotación pura, entonces todos los signos se pudieran reducir a lo único o unívoco, por ende, a la negación del arte que, al ser carente de polisemia, agotaría demasiado rápido todo lo que pretende significar, caso en que la originalidad sería, estrictamente, imposible. Se podría volver un silogismo lógico, o una verdad ontológica, pero no un signo estético en su pureza. Por otro lado, si todo fuera connotativo, no podríamos delimitar nada, ni qué significa tal o cual cosa, ni cuál es la verdad en la obra de arte. Ramas como la ontología, semántica, u otras implicaciones serían, en realidad, inútiles. Cualquier cosa podría ser arte, o ninguna podría serlo.

En este dilema podemos entender la estrecha conexión, el vínculo gemelo, entre el signo, entre el arte. En verdad, el problema de qué es arte o qué no lo es, o qué es más bello o menos bello, ve su nacimiento en si el signo tiene denotación o connotación. Puede parecer un problema irresoluble. La única forma de dar respuesta a esto parece una referencia a límites en grados de sublimidad. Sin embargo, en la función semiótica, no podemos llegar a un signo, decir que sólo puede significar diez cosas, luego cerrar las posibilidades, pero tampoco podemos llegar al extremo de decir que nada puede significarse porque simplemente ese signo o cualquier otro puede significar cualquier otra cosa o a cualquier otro, envolviéndose en una falacia de petición de principio. En este sentido, el signo viene del ente creador que le da su esencia a tal signo nuevo, o le da otra carga semiótica a un signo preestablecido bajo otra significación.

Para Pierce, el hombre es puro signo, aunque no sólo eso, sino un signo externo. El hombre no puede pensarse a él mismo desde una subjetividad sino como signo externo a él que, aunque sea él, se constituye desde los signos, desde un objeto semiótico, las significaciones que se hace sobre él, así como sobre el mundo, lo que delimita su ser en cuanto a signo, eliminando o resolviendo las contradicciones. Como cualquier otro ente, debe ser abierto a una pureza de su ser, una honestidad intrínseca que desnuda, en parte, las intenciones de su alma. El artista logra esa magnificencia, porque sólo así puede expresarse una belleza sublime. Es ahí donde el arte se aleja del *massculture*. El arte puede ser entretenido, pero no todo el entretenimiento es arte.

Una vez entendido que toda visualización de sujeto es en realidad visualizar a los objetos en signos, el problema semiótico de la obra de arte, el problema semiótico en lo estético, es el siguiente: o la obra puede ser infinitamente polisémica, o la obra está delimitada ontológico-semióticamente en sí misma. En el primer caso, sería *ininterpretable*, eternamente subjetiva, sin delimitación de ningún tipo, por lo tanto, sin verdad. Lo segundo sería un hermetismo inescrupuloso del arte, que estaría limitado a una sola interpretación, única verdad, lo cual agotaría el acto de hacer bello un signo por medio de la peculiar extrañeza familiar de la riqueza de su significación. En un caso se compromete la verdad, mientras que en el otro la riqueza estética.

A todas luces, por la visión de darle una supremacía de importancia a lo asuntos de la verdad o la bondad, podemos pensar en aceptar la teoría del "mal menor", o "mejor daño", o el "la verdad ante todo". Estas son teorías de la lógica o de la ética, la epistemología. No estamos hablando de eso ahora. Pero estas no son ni respuestas semióticas, ni estéticas. No podemos usar un criterio del "menos peor" para explicar algo tan importante. Para juzgar una "decadencia" debe ser entendido, argumentado, sistematizado un conjunto de ideas coherente, lógico. Si hay decadencia, hay una comparativa, un descenso, un entendimiento histórico-estético, semiótico a su vez, del arte.

Está claro que la segunda opción es preferible. Sin embargo, en los campos de la verdad o la bondad estos son sus fines, alcanzar este nivel de objetividad de sus postulados. En el arte, mucho más cercano al alma incomprensible o sentimentalmente amena, como vieron Nietzsche o Schopenhauer, no es su fin, ni puede ser su único motivo de existir.

No puede dejarse a la mitad un postulado que resuelve el problema, por un lado, pero lo olvida por otro. Entonces, hay verdad en el arte tanto hay también grados de sublimidad, la obra en actos estéticos, sujetos a la propia temporalidad de la creación de un ente. Existen límites, pero el límite no va a una función unívoca del acto hermenéutico. Ni solamente puede ser criterio la no contradicción, o el análisis de la obra en sí misma, la teoría de la materialidad exclusiva o tantas otras.

A partir de aquí, entramos al asunto central del ensayo. ¿Qué es arte o el arte? ¿Y por qué está en decadencia?

El postmodernismo como puerta al entendimiento del progresismo

El postmodernismo, sus corrientes desde los existencialismos literarios – aunque este aún en menor grado—, el realismo sucio, pasando por el cubismo, u otras corrientes, ya no buscan el goce estético, el quedar embelesado ante cualquier cosa que venga en forma de hoja o vendaval como en los románticos, ni con sentido moral o epistolar durante el renacimiento que, a su vez, imitaba la búsqueda de perfección estética que los griegos pretendían alcanzar.

El arte por el arte, no en el sentido de Wilde sino en uno ontológico, en sí, se convirtió en historia. Tenemos en Proust una de las primeras formas de entendimiento de una completa o concupiscente subjetividad. El modernismo tomó los últimos dotes de sublimidad justificable en sus obras, por su extrema dificultad subjetiva, por su elogio a la extrañeza del sujeto, presentando sus signos como algo ajeno, pero, a la vez, tan familiares para el lector.

Entonces, en literatura, el último movimiento estético –si bien no literario— fue el modernismo de inicios a mediados del siglo XX. Autores como T. S. Eliot, hasta Miller, pasando por Beckett, Joyce, Proust, Faulkner, Borges, Cortázar, Carpentier, Onetti, Guiraldes, Rulfo, Paz, Cela, Mishima, Kawabata, incluso los rusos como Tolstoi, Chejov, Dostoyevski o Nabokov, americanos "alt" como Fante, Burroughs, Toole o Salinger, hablaban desde una subjetividad universal. Retrataron, aún de forma estética, lo burdo de un mundo en decadencia. La riqueza que quedó como vestigio fue su extrema originalidad en el tiempo que se pensaba imposible hacer algo novedoso. Algunos otros por su excelsa erudición e interminables referencias. Podríamos mencionar a otros autores como Hemingway, pero para muchos más bien está catalogado dentro del *massculture*. Lo cual nada tiene que ver con su gran influencia en la cultura popular.

Esto podría sonar pecaminoso si tenemos autores contemporáneos talentosos como Auster, Vila-Matas, Hustvedt, Munro, o Murakami, que sin duda son escritores influyentes, pero, no retratan del todo una subjetividad universal. Aunado a esto, los estilos de estos gigantes contemporáneos no presentan ninguna novedad estética. Si bien la literatura procuró siempre narrar los sucesos de su tiempo, el decir que algo se universaliza es porque ha hecho un retrato descarnado de las vicisitudes o malformaciones psicológicas, históricas o sociológicas de la humanidad, desde la trinchera de la historia en las que les tocó vivir. Pero, a su vez, todo movimiento conlleva una "forma", un estilo particular, no sólo entre movimientos literarios o artísticos a través de la historia, sino entre los autores mismos. No es el mismo estilo entre Camus o Sartre. La literatura actual se enfoca en simplemente narrar, o probar un punto, desde la particularidad, pero sin probarse a tocar la universalidad. La literatura se ha parcializado a tal grado que comienza a ser una descripción ficcional o mimética de lo existente, sin pretender aprehender ninguna esencia universal, sin contar la monotonía estilística de tantos autores. Muchas obras literarias son, en teoría al leerse, obras agotadas, incluso antes de ser escritas.

Para Adorno, o W. Benjamin, la escuela crítica o los postmodernos, el poder del discurso, la razón instrumental, el poder de la estructura normalizadora, entre otros conceptos, imperaba por sobre el valor estético. Desde las nociones marxistas, se procuraba llevar al arte a una completa materialidad. El arte se reducía al valor de su trabajo. La discusión sobre el arte dejó en último plano su poder estético, para darle una esencia casi exclusivamente política. Con la llegada de la masificación de los medios de comunicación, el acceso a shows de tv, o música con más facilidad, llegando hasta la actualidad de todos estos medios de comunicación, sus evoluciones, que nos han llevado a un completo dominio de los entes, de un discurso único. Los detractores de la normalización están normalizados por un discurso anti normalizador. Así es la postmodernidad, contradictoria.

El progresismo es el eco diletante de lo que empezó con la postmodernidad. Para el progresismo se ha llevado a tal grado la normalización de un discurso que sólo cierta esfera da la pauta para lo que puede o no decirse, o de qué modo se puede decir tal o cual cosa. La censura, el *"scratche"* social, la discriminación ideológica, ha vuelto al arte una rareza en estos tiempos.

Al verdadero arte, no lo que promueven las esferas de poder progresista, como ciertos discursos, personajes o historias donde, obligadamente, tienen que centrar una importancia inverosímil en la sexualidad, la etnia, o cualquier otro factor para que sea publicable. Son parámetros inamovibles de lo políticamente correcto. Ahora, habrá miles de justificaciones, tales como que habían sido invisibilizados por siglos, que no habían tenido espacio en medios. Aunque si bien, sobre todo desde la existencia de la propaganda, la publicidad, o los medios masivos de comunicación, los poderes han moldeado de una u otra forma la mente colectiva de las masas, el asunto es hacia dónde nos dirige ahora este poder discursivo hegemónico progresista. Esa es la pregunta válida para entender si vamos de cabeza a un acantilado o a la salvación utópica del mundo. Lo que es cierto es que el arte, en todos sus aspectos, está en decadencia. Esto es el uso de la razón instrumental para moldear el pensamiento de las masas en la dirección que ellos quieren. Pero esto no es arte. El arte está por sobre todo esto. La belleza, la cuestión estética está por encima de todo lo que un discurso político puede decir. El arte brota de un ente creador original, pintado con todas las capas de pensamientos de sus ídolos que le han susurrado una nueva forma de comunicarlo. El arte puro es, en tal modo, amoral.

El arte ha decaído por la extrema politización, a la imposibilidad de la sublimidad por ser discriminadora o políticamente incorrecta. Porque es vergonzoso usar palabras nuevas, porque da pereza leer, o un cuadro aburre demasiado rápido. Hemos perdido la sensibilidad de apertura de los entes, en este caso, de los entes creados, como lo son las obras de arte. No existe una verdadera capacidad de abstracción semiótica ni para entender, ni para sentir esa extrañeza familiar, que sólo el verdadero arte causa en el espectador. Todo es inmediato, poco profundo, entretenido sin esfuerzo. Incluso las estructuras sintácticas en las oraciones causan vergüenza o estupor. La vergüenza por la perfección estética es el más grande signo de metástasis en Occidente. Se puede juzgar toda una civilización por la calidad del arte que existe en ella, qué crea, el sentimiento con el que se promueve. Su humor, sus elogios, sus miserias, se presentan de forma pura en el arte.

El progresismo es la última fase antes del declive de Occidente, el signo final, la oportunidad de tomar las riendas de su esplendor perdido. Debemos reencontrar al arte, verlo de frente, encontrarlo de nuevo.

Todo esto pueden sonar como una serie de divagaciones, pero esclareceremos estas conclusiones de la siguiente forma: el arte es un acto, el acto donde el entre creador-creado-significado-significante conforma, bajo ciertos grados de sublimidad, un signo a partir de un ente creado que abre su ser a la comunicación de la belleza. Pero, como todo acto, el factor tiempo, cada paso, conlleva una forma de expresión de lo bello. Entendemos entonces que, el arte, tiene tres momentos, tres actos.

Los tres actos de la obra de arte

Para erradicar la contradicción de la polisemia o el signo entalegado, debemos entender no al arte como artista separado de la obra, pero tampoco como su conjunción. El arte es una serie de actos que comunican belleza por medio de un ente creado por un ente creador, con intencionalidad, a través de una materialidad o lenguaje. Bajo estos criterios podemos dar un paso más a objetivar lo que es más sublime, la teoría comparativa del arte con una mayor instrumentación teórica que un simple análisis del "gusto".

Entonces, el arte son tres momentos o actos ontológico-semióticos: el primer acto es el arte como intencionalidad semiótica del ente creador; la segunda es el arte como materialidad formal ontológica; la última, como hermenéutica sensible.

La primera instancia es lo que concierne al arte como verdad, como verdad del ente creador que se expresa por medio del ente creado. El factor "verdad" en el arte sólo puede alcanzarse en su máxima pureza desde una prolija interpretación de grados sublimes sobre lo que el ente creador o artista quiso expresar en su obra. El límite ontológico-semiótico de la verdad en una obra de arte está dado por el entendimiento perfecto de la pureza intencional del ente creador. Entre más perfecto es el conocimiento de la intencionalidad del autor para la obra, del ente creado para con su creación, tanto mejor se conocerá la verdad de esa obra de arte.

La segunda instancia es la obra en sí misma. El ente en sí. El cuadro, el texto, la pieza musical, la representación, entre otras expresiones. En literatura, es la descripción formal. Por ejemplo, el signo sobre el conteo, la métrica, el verso o la prosa, el estudio sintáctico del texto, el análisis del contenido sin llegar a una hermenéutica, el análisis de toda la obra en sí. En la música, sería la partitura, sus escalas, la composición desde su clave o nota, en su espectro, el entendimiento formal de la obra, de su fondo, de su forma. En la pintura, puede ser la perfección geométrica, la simetría, la paleta de colores, sus combinaciones, los detalles, entre otras cosas. Desde su carácter material, literalmente, como lo sería la indumentaria, estilo, instrumentos, color, etc., hasta el entendimiento puramente descriptivo del ente en sí, tanto materialmente como en contenido formal. En general, aquello cuantificable de la obra, sea material o formalmente.

Por último, la tercera instancia es la interpretación sensible del ente apreciador. Este último es el sentimiento que se logra evocar en un determinado ente que observa. Entre más educado sea este en los signos podrá manejar más grados sensibles para acercarse a la obra o negarla. En este rubro, el ente apreciador no interpreta como verdad en sí a la obra, que vimos se da de forma pura por la intencionalidad del ente creador, del artista, sino más bien como una interpretación de lo que esa obra le comunicó por medio de su apertura como ente. La apertura del ente creado con el ente apreciador es lo que se llama "experiencia estética" estar "absorto". Es aquí donde se da pie a la "extrañeza familiar" del arte.

Para clasificar por entes, digamos que los tres actos que constituyen el hecho comunicativo del arte son: ente creador, ente creado, ente apreciador; artista, obra, visor; verdad, objeto, sensibilidad.

Bajo este entendimiento, podemos señalar el motivo de que una obra de Bukowski, por muy buena que pueda ser, no podrá compararse con una obra de Goethe, o de Flaubert. Ni Melville con Ginsberg. Porque al analizarlos bajo los tres momentos de la obra podemos comprender de una manera más clara los grados sublimidad de cada una.

Estamos en una época sombría. Antes hemos pasado por convulsiones sociales, internacionales. La diferencia, la gravedad de esta, es que es tan poderosa que pasa desapercibida, que ha provocado un daño profundo a las próximas generaciones. Diógenes buscando un artista, con la luz apagada, con las piernas arrastrando, es nuestra única esperanza, pero está desecha por el olvido del signo que nos abre la belleza de los entes.

Bibliografía

- Adorno, Theodor. (2004). *Teoría estética*. Akal.
- Aristóteles. (2002). *Arte retórica*. Porrúa.
- Baudelaire, Charles. (2012). *Las flores del mal*. Cátedra.
- Bermúdez López, José. (1969). *Teoría de la palabra*. UNAM.
- De Cervantes, Miguel. (2001). *Los trabajos de Persiles y Sigismunda*. Castalia.
- Di Girolamo, Constanzo. (1982). *Teoría crítica de la literatura*. Editorial Crítica.
- Eco, Umberto. (2010). *Tratado de semiótica general*. Lumen.
- García Morente, Manuel. (1960). *Lecciones preliminares de filosofía*. Editorial Diana.
- Hegel, Georg Wilhelm Friedrich. (1983). *Introducción a la historia de la filosofía*. Sarpe.
- Heidegger, Martin. (1997). *Arte y poesía*. Fondo de Cultura Económica.
- Heidegger, Martin. (2018). *El ser y el tiempo*. Fondo de Cultura Económica.
- Hessen, Johannes. (2017). *Teoría del conocimiento*. Porrúa.
- Joyce, James. (2013). *Ulises*. Colofón
- Kant, Immanuel. (1982). *Crítica de la razón pura*. Porrúa.
- Kott, Jan. (1969). *Apuntes sobre Shakespeare*. Seix Barral.
- Marx, Karl. (2002). *El manifiesto comunista*. Austral.
- Nietzsche, Friedrich. (2010). *La gaya ciencia*. Gredos.
- Nietzsche, Friedrich. (2018). *Más allá del bien y el mal*. Leyenda.
- Paz, Octavio. (2010). *El laberinto de la soledad*. Fondo de Cultura Económica.
- Sartre, Jean Paul. (2015). *El existencialismo es un humanismo*. Tomo.
- Wittgenstein, Ludwig. (2011). *Tractatus logico-philosophicus*. Alianza.

ENSAYO XV: ECONOMÍA ECOLOGISTA DEL PROGRESISMO
UNA CRÍTICA AUSTRÍACA

Por Rafael Julián Benítez González
México

Las ideas ecologistas pueden dividirse en 2 ramas fundamentales: las ambientalistas y las ecologistas más ortodoxas. Las primeras son de corte mayormente reformista, buscan hacer que el libre mercado tome consciencia mediante leyes de las problemáticas medioambientales y restringe la acción del libre mercado mediante trabas e impuestos que impidan el agotamiento de recursos o la extinción de especies.

Las segundas son de corte más radical. Pretenden erradicar las doctrinas económicas y sociales "neoliberales" e imponer una doctrina en la que la sociedad y la economía son parte de un sistema más grande y generalizado que es el planeta en sí. Sobre estas dos posiciones estaremos hablando en el presente ensayo, así como una crítica desde la perspectiva austríaca.

Las doctrinas económicas siempre han tenido en cuenta, como es obvio, una mirada a la problemática de los recursos. La gran mayoría de ellas ha considerado a aquellos como entidades objetivas externas al ser humano que existen independiente de la existencia del mismo. De aquí se deriva, por tanto, que los recursos están en una especie de gran vasija donde se va sacando y sacando hasta que se agotan. Tal aproximada vista era la tenida por Malthus en su teoría. La misma, lograba dar cuenta de la situación en la que la población excediera la capacidad o la oferta de alimentos disponibles en sitio determinado y cómo esto generaría enormes problemas. Esto es, dada la oferta (objetiva) de alimentos, esta presenta un crecimiento lineal, mientras que la población crece de forma exponencial.

La otra forma de ver los recursos es subjetiva. Esta no se centra tanto en ver los recursos en sí sino la percepción (valoración) subjetiva de los mismos en dependencia de las circunstancias que se desarrolle la acción. Así, entidades como el tiempo también pasan a ser recursos valorados subjetivamente, lo cual hace que cada persona tenga en su cabeza una idea diferente de lo prolongado que desea que dure la acción de acuerdo a sus intereses y anhelos. Así, por ejemplo, una persona impaciente valorará que todo tiempo (en mayor o menor medida) para recibir los resultados de una acción es excesivo. También, ante aquellos recursos físicos aplica este principio, pues las entidades relevantes, en las unidades relevantes a la acción, son valoradas de forma subjetiva de acuerdo a aquello que el individuo anhela alcanzar.

Estas dos formas, a ojos del mainstream económico actual, no son tomadas de forma disyuntiva sino conjuntiva. Esto es, si bien se reconoce que cada individuo valora de acuerdo a lo que quiere, se entiende a la oferta y/o a la demanda como objetivas y, por tanto, todos aquellos recursos que sean empleados para enriquecer a un determinado territorio, deben ser administrados de acuerdo a las leyes imperantes en dicho territorio, tomadas estas de forma positiva.

Toda esta descripción tiene el siguiente propósito:

Las teorías ambientalistas tuvieron su auge a partir de la década de los años 70 del siglo pasado. Las mismas se basan en la primera postura mencionada en este texto en el que los recursos del planeta, o de un determinado sitio están limitados al ambiente en que se desarrollan las actividades económicas del mismo, así por ejemplo el desarrollo de la estructura productiva, de la cual carecen muchas de esta teorías, implicaría que el capitalista necesita siempre estar gastando y gastando los recursos, por ejemplo el agua, los recursos forestales, serían utilizados una y otra y otra vez, para poder hacer materia con ellos, por ejemplo, ya sea la coca cola con el agua, ya sean industrias de muebles con la madera, ya sea el petróleo, ya sean otros recursos naturales, siempre van a necesitar el plástico, los metales para lo que es la industria del automóvil o de la computación, va a llegar un momento en el que obviamente se van a agotar estos recursos conforme haya más empresas y conforme haya más consumidores al respecto.

La primera rama en la que se divide el ambientalismo es de un corte mercantilista. Su basamento es puramente teórico y utilitarista, esto es, centra su atención en las relaciones costo-beneficio. Incide esta postura sobre lo que son los derechos de propiedad al asegurar que el mercado será el que regule el problema ambiental, por tanto, debe asegurarse que este funcione correctamente asignando los recursos a las personas que verdaderamente usarlos de forma óptima para así evitar que se abuse de su uso y se aprovechen mejor. Sin embargo, al tener estas ideas en cuenta, carece dicha teoría de lo que es una línea inter e intra temporal pues no se considera los cambios a futuro o las nuevas adaptaciones presentes, sino que ad hoc asigna el uso y disfrute de los mismos.

La otra posición es más bien del tipo preservacionista. Aquí los recursos de la biósfera se consideran entidades con derecho propio y, por tanto, el hombre debe abstenerse de usarlo salvo para emergencias muy puntuales. Al ser entidades con derecho propio, se afirma que tienen sus derechos de autopropiedad, basa sus fundamentos en la ética, haciendo extensiva aquella que se corresponde con la naturaleza humana a todo aquello que es vivo sobre el planeta Tierra. Ello implica que debe existir una base legal que garantice dicha protección de las manos de aquellas personas que estén tentadas a abusar, obligando de esta forma al Estado a tener los recursos de la biósfera como sus protegidos para evitar por ejemplo la caza o la deforestación en aras de que se preserven dichos recursos.

La tercera posición es aún más radical. Consiste en la llamada posición conservacionista. Si bien en el preservacionismo no se habla directamente de detener el desarrollo, solamente de preservar los recursos de la biósfera, en el conservacionismo el desarrollo debe frenarse por completo, ya sea de forma pacífica y de buen grado o por la fuerza. El principal objetivo de esta postura obtener un mayor beneficio futuro restringiendo a la generación presente de todo tipo de crecimiento económico. O sea, persigue con la conservación de la naturaleza tal cual es, evitar que el desarrollo se siga expandiendo y quede en un estado estacionario para evitar así los males del agotamiento de recursos y la destrucción del medio ambiente, ambos problemas íntimamente relacionados. Por esta razón, puede, desde un ramo legislativo hacerse patente el evitar que las empresas pequeñas crezcan y cortar los pies de las grandes.

La última postura frente al ambientalismo consiste en el conocido desarrollo sustentable. Si bien reconocen la severa traba que significa el agotamiento de los recursos y la preservación del medio ambiente a la hora de hablar de desarrollo, plantean que la solución es hacer no que este último se detenga, sino que vaya por otros cauces. De esta manera pretenden que el desarrollo exista teniendo en cuenta las consideraciones éticas inter e intra generacionales para de esta forma garantizar la durabilidad del desarrollo, protegiendo la economía y evitando el abuso con el medio ambiente.

Ahora bien, la teoría económica que más importancia ha tenido es aquella fundada por Georgescu Roegen. Este matemático de origen rumano entendió el error mecanicista existente en la teoría neoclásica. Dicha teoría propone estados de equilibrio en el estudio de la economía, de acuerdo con la mecánica newtoniana, esto es, pares de fuerzas que, compensadas crean un equilibrio y logran una estática. Esto, obviamente se lograría controlando los precios en el mercado y regulando la competencia de tal manera que la situación quede en equilibrio mecánico. Además, se introducen sistemas caóticos y modelos estadísticos que logren dar cuenta de los procesos del mercado y la sociedad.

Para Georgescu dicho modelo era erróneo debido a que no tenía en cuenta los cambios energéticos, pero sobre todo de la entropía del sistema Tierra. Para él, conceptos como producción y consumo no eran más que eufemismos de transformación de energía y materia. La teoría de Georgescu, por tanto, pretendía cambiar el modelo mecanicista de la economía neoclásica por un modelo termodinámico en el cual los procesos de intercambio y empresarialidad no son más que subprocesos de uno más grande llamado Tierra.

Precisamente esta unión de la economía con la termodinámica y el reconocimiento de la biología del ser humano constituyen las bases de la teoría de Georgescu. En efecto, dado que desde el primer momento el ser humano es un ser vivo más, atado a las leyes de la física, química y biología, entonces tiene estos peros a la hora de pensar en su desarrollo tanto mercantil como social. Por tanto y, siguiendo esta teoría, para armonizar con la naturaleza, el ser humano debe frenar el impulso tecnológico que a la vez es fuente de desigualdad ya que, obviamente, al consumir o producir de más ciertos territorios, les quita oportunidad a otros de crecer y desarrollarse. Al mismo tiempo, el transformar materia de forma antinatural, provoca cambios en la entropía del planeta, llevando a la generación, como es obvio, de un exceso de energía en forma de calor y al deterioro del macro sistema en sí.

Resumiendo: las teorías ecologistas centran su estudio en la explotación del hombre, no tanto hacia otro ser humano (o conjunto de seres humanos) sino al planeta en sí. Busca por tanto una teoría económica que permita que el hombre consiga sus objetivos sin romper el equilibrio de la naturaleza tal cual es este y pueda a futuro ser más funcional para consigo mismo y su entorno.

Para poder hacer un análisis económico de estas teorías debemos tener en cuenta el postulado fundamental de esta ciencia: el principio de acción humana. El enfoque que daremos es el conocido como teoría de los tres niveles, esto es, primero haremos un análisis teórico de las ideas básicas pasando por el postulado antes enunciado y las consecuencias que de él se derivan, así como la teoría del capital y cómo es que este se estructura. Posteriormente pasaremos a ver cómo este enfoque nos sirve de base para analizar el ecologismo, para finalizar con las consideraciones éticas al respecto.

Desde un punto de vista teórico debemos analizar por qué razón el hombre actúa siquiera. Cuando una persona actúa está poniendo de manifiesto aquello que desea de forma deliberada, o sea, aquello que le llama más la atención, que valora más. Veremos que inmediatamente aparece el concepto de valor, el cual no es más que aquella apreciación que hace nuestra mente respecto a lo que queremos y que es tan intensa como intenso sea el deseo de poseer la misma. Ahora bien, tanto la valoración como la acción respecto a ella dependen de las circunstancias en que estas se desarrollen y cómo entran a formar parte de la escala de valoraciones a la hora de decidir qué curso tomar. Como cada persona ve de distinta forma las circunstancias que le rodea, cada persona se decide por un accionar diferente, por similares que sean las circunstancias.

Como es obvio las personas necesitan alcanzar (porque así expresamente lo desean) sus objetivos, por tanto, necesitan medios para satisfacer esa necesidad y que sean percibidos por ellas como tales. A esta percepción se le conoce como utilidad y, depende en gran medida de la valoración que el individuo dé al fin deseado. El significado de esto es claro: las personas ven los medios tan útiles como valoren los fines que deseen alcanzar con estos.

Uno de los tantos medios que son universales es precisamente el tiempo. El ser humano tiene siempre a este en cuenta, ya que su accionar depende o más bien, lo proyecta en este y, en dependencia de su condición psíquica, tendrá mayor o menor interés en que éste se logre antes o después. De nuevo surge una palabra base para la economía, el concepto de interés: o sea, la diferencia de valor que damos al futuro respecto al presente. Obviamente este tiempo es subjetivo, o sea cada persona lo toma de forma que entienda que puede satisfacer sus anhelos y solamente sentirá su paso conforme vaya completando las fases sucesivas de lo que pretende lograr con su actuar.

¿Y qué ocurre con la escasez? Pongamos el siguiente ejemplo sencillo. Pongamos que estamos en una plaza simplemente esperando a un amigo. Sentados ahí vemos pasar a otra persona que fuma. Hasta ese momento habíamos respirado aire fresco, pero al pasar el humo por nuestra nariz, de forma consciente lo espantamos con nuestras manos o apartamos la cara en busca de aire fresco. Quizás si somos fumadores, no reaccionamos ante el humo del tabaco y simplemente esperamos que pase.

En el primer caso comprobamos que el aire limpio es escaso, esto es, buscamos una forma de recuperar el aire que se ha contaminado, mientras que, en el segundo, no lo valoramos como tal y el humo no nos significa nada. El significado de este ejemplo (aunque sencillo) es claro: la acción se da una vez se perciben los bienes económicos como escasos, de lo contrario no se actuará para alcanzar lo que deseamos pues se consideran todos al alcance de la mano y no es necesario usar la creatividad para llegar a nuestros fines. La escasez es, por tanto, otro elemento subjetivo aplicado a los medios y depende de las circunstancias en que se desarrolla la acción.

¿Cómo afecta esto a la teoría del capital?

Pues bien, dado que se actúa cuando un bien se considera escaso, una persona, en dependencia de sus ideas, necesidades o aspectos a futuro lo ahorrará o racionará (tipos de interés). Esto a su vez, provocará que la gente se dé cuenta de su utilidad y, al estar escaso, se le asigne un precio, que subirá o bajará conforme esté disponible o demandado. A igualdad de condiciones si sube la oferta, bajan los precios. Por supuesto, cuanto más ahorre, mayor disponibilidad a futuro habrá de ese bien, por tanto, los precios de los bienes tenderán a aumentar ya que se valorarán más y se ofrecerán menos. Esto a su vez provocará que las etapas productivas aumenten y se especialicen, siendo que, por ejemplo, se pueda saltar del caballo al auto y así sucesivamente. Como es obvio, cada una de estas etapas conlleva un tiempo para su realización, etapas que demorarán más cuanto más complejo sea el bien final a obtener (bien de consumo).

Existen 2 instituciones sociales que juegan a su favor: la existencia de intercambios libres y la existencia de dinero. Con la primera, la gente está expuesta, como es obvio a las pérdidas y, por tanto, no le queda más remedio que responsabilizarse, siendo que cualquier intercambio que hagan será, por base, mutuamente beneficioso. El dinero, por otro lado, es el medio socialmente aceptado de intercambio, esto permite visualizar los precios de los bienes, ya sea de consumo o de capital y, por tanto, permite visualizar los tipos de interés. Esta última visualización es muy importante, ya que les dice a las personas si es posible invertir (baja tasa de interés, aumento del ahorro voluntario) o es mejor abstenerse (alta tasa de interés, aumento del derroche y consumo).

Este bosquejo de lo fundamental en el enfoque austríaco de la ciencia económica nos lleva de inmediato, como ya se ha mencionado, a pensar en los recursos como lo descrito en el segundo enfoque: son nacidos de nuestra mente y depende de aquello que deseamos obtener, sólo lo percibimos como tales cuando se vuelven útiles para lograr un fin propuesto. Y una vez considerados recursos, se consideran escasos y empiezan a racionarse y utilizarse. Estos son, el recurso en sí no existe, es nuestra mente deseando satisfacer su necesidad. Con esto dicho, cualquier intento de objetivizar la escasez resulta contradictorio a la visión humana. Mientras no se inventó el motor de combustión, el petróleo era algo abundante, y más, era una maldición puesto que hacía infértil a la tierra, o bien, el agua se hacía escasa porque aún no existía tecnología para potabilizar la del mar para ser utilizada.

¿Será posible, sin embargo, darse cuenta de si un recurso está ausentándose en un determinado lugar? El valor que damos a las cosas es subjetivo, y esto, por supuesto, determina cómo lo va a ver el individuo. La percepción, por tanto, vendrá del entorno particular en que se vean mezclados individuo y recurso, y la luz que le dirá si está escaseando o no, será precisamente el mecanismo de precios. En efecto, si la oferta de un bien es baja y la demanda se mantiene, entonces el precio tenderá a subir. Si los intercambios son libres y los intereses no se perturban, entonces los dueños de los recursos los racionarán mediante una subida de precios, provocando que los demandantes busquen vías alternativas para satisfacer su necesidad.

Estas vías alternativas, por supuesto, supondrán un aumento repentino de interés en ellas una vez encontradas. Esto hará que el precio de las mismas aumente respecto a cómo estaba antes, pero, el recurso que originalmente se utilizaba, empezará a bajar su precio de nuevo, permitiendo que este se recupere poco a poco o bien, no vuelva a ser utilizado si los demandantes estiman que lo nuevo es más eficiente que lo viejo. Dicho de otra forma, descubrir un recurso nuevo que sea el doble de eficiente, equivale a descubrir el doble de unidades relevantes de un mismo bien. De esta forma se llega también a una especie de equilibrio que, obviamente nunca será tal en términos reales, pues siempre las personas cambian de ideas y descubren otras vías y métodos insospechados que hacen que dicho equilibrio sea una idealización.

Por otro lado, es notorio que las ideas ecologistas no reconocen el tiempo dentro de su teoría, o bien, lo toman como el tiempo físico, es decir, como si el tiempo se tratase de una variable absoluta más. Si bien es cierto que los términos día, semana o año son equivalentes para todos (24 horas, 7 días, 365/ 366 días) este, como ya se explicó, no es el tiempo relevante para el ser humano. Más bien podemos afirmar que estos son sólo formas de clasificar el tiempo, dividirlo para hacer más sencillo el trabajo de planificación. Cayendo en la trampa de que son lo mismo y además de que el flujo de la renta es circular (o sea, está simplificado a intercambios automáticos de bienes y servicios entre personas y empresas), los ecologistas (llevados de la mano de los neoclásicos) piensan que producción y consumo son procesos instantáneos. Es decir, los autos que se ven hoy en venta son aquellos que se empezaron a producir ayer mismo y por tanto que hay que frenar la producción debido a la rapidez con que se agotan los recursos en este proceso.

Lo anterior, de hecho, es la principal crítica de Georgescu a la economía neoclásica y su concepción mecanicista. Si bien la crítica está bien encaminada, su error nació de considerar la termodinámica (que estudia las variaciones energéticas en los procesos físicos y sustancias) como centro de su teoría.

El primer error es creer que la tierra emite su propia energía. La tierra absorbe aquella que le llega del Sol (o de otras fuentes más débiles) y la procesa en su interior, ya sea por los organismos vivos como por aquellos que no lo están. Si bien, internamente ocurren procesos en los que se intercambia energía de forma más violenta (terremotos, erupciones volcánicas, huracanes), el aumento de entropía se da de una forma natural, sin necesidad de tomar en cuenta la acción del hombre necesariamente. Ello de ninguna manera implica la existencia de un calentamiento global de forma necesaria. La entropía, por 2do principio de la termodinámica siempre aumenta en el universo, pero los procesos internos son caóticos y complejos de determinar ya que los mismos son irreversibles por su propia naturaleza. Ello implica que hay lugares donde la temperatura aumenta drásticamente debido a factores físicos determinados o disminuye drásticamente debido a otros factores físicos, por lo cual la acción del hombre sólo es un elemento más a ponderar, pero que no sabemos si influirá de forma positiva o negativa solamente.

A lo anterior se suma lo siguiente: independiente de la rama de la física (mecánica o termodinámica) que se tome, esta es una ciencia que se encarga de estudiar las estructuras de los procesos naturales, mientras que la biología estudia las estructuras de los procesos que permiten la vida (más complejos aún que la física). Ello implica que, de alguna forma, hay cierto determinismo necesario a la hora de estudiar dichas ciencias (menos sencillo de aplicar en la biología dada su enorme complejidad respecto de la física). Así, por ejemplo, en la termodinámica se utiliza mucho el término equilibrio como una simplificación de los procesos (en los cuales, idealmente, la entropía puede permanecer constante). Si bien desde un punto de vista teórico también se reconocen los procesos de no equilibrio, estos tratan de ser reducidos a procesos de equilibrio local (o sea, en un entorno tomado a necesidad) que pueden ser utilizados para el estudio de la química y biología.

Sin embargo, dichos procesos no comparten la naturaleza humana de ser realizados a voluntad, sino que son procesos automáticos, ocurren independiente de la acción del hombre los haya este descubierto o no. Caso contrario ocurre con la economía donde precisamente prima la voluntad del individuo que es el actor fundamental de los procesos sociales y, por supuesto, dicha voluntad no es matematizable, puesto que depende no sólo de factores externos, sino de cómo este los perciba. La estadística (abundante en las ciencias naturales para estudiar procesos complejos) por tanto es una herramienta solamente útil para estudiar la historia de estos procesos sociales, pero sólo de forma informativa, ninguna teoría puede salir de ahí.

Entonces, ¿qué mecanismos se aplicarían cuando se vea el aumento de precios como señal de escasez? Si bien la primera mirada suele ponerse en el gobierno como regulador, aquí hay un problema que impide que esta sea una forma realmente eficiente. El problema radica precisamente en que el gobierno está constituido por personas con sus ideas y fines propios (obviemos ahora la posible corrupción del mismo), pero que obviamente no son las mismas que día a día viven en la sociedad e interactúan con otras. Esto significa que no tienen idea de los costes que cada individuo asume (por separado o en conjunto con otros) para llegar a sus fines, así que cualquier medida que tome en aras de garantizar el mantenimiento de los recursos que desea proteger será contraproducente, pues a lo mejor guía a los demandantes de dichos recursos a otros que no sean tan eficientes o que no sean tan baratos para ellos, provocando el quiebre, quizás, de empresas que, de haber sido garantizada la existencia de intercambios libres, pudiesen haber sido eficientes.

Si, además, se aplican medidas proteccionistas, estas crean de inmediato un mercado corrupto de influencias donde los dueños de recursos que estén asociados al gobierno tendrán la oportunidad de usarlos a placer, siendo protegidos por su manto. Si es el gobierno quien directamente se hace con los recursos, el problema es aún más grave, puesto que, y por lo anteriormente expuesto sobre la imposibilidad de conocer los costes y anhelos de los individuos, le es imposible hacer cálculo económico y, por tanto, una administración correcta de los mismos.

Esto deja sólo como vía eficiente y única, el manejo privado (privatización real, no amparada por el estado) de dichos recursos, pues cada uno de las partes en todo momento escogerá aquello que estime conveniente para sí, siendo que puede incurrir en pérdidas o efectivamente tener éxito.

Por otro lado, frenar o retrasar el desarrollo en aras de la preservación natural es contraproducente. Como ya se explicó, las distintas etapas del proceso productivo, si los mercados son libres, nacen únicamente si los empresarios notan que el ahorro voluntario ha aumentado en la sociedad, lo cual se verá reflejado en una disminución real de los tipos de interés.

Cuando esto ocurra, las etapas se harán más capitales intensivas, procediendo a un aumento de la producción llevado de la mano de un aumento de la preservación de los recursos, pues estos se ahorrarán más para garantizar que el alargamiento de la estructura productiva sea estable y no incurrir en pérdidas. Con esto se garantiza dejar la naturaleza en paz y a su vez, lograr un desarrollo más estable.

Si, por el contrario, se frena el desarrollo, haciendo que este se atrase, entonces surgirá un efecto similar a la trampa Malthusiana: empezará a crecer la población más que el crecimiento de los recursos, llevando a buscar vías alternativas que, al ser de corto plazo, no tendrán tan em cuenta la preservación de la naturaleza, sino su uso indiscriminado. Tal es el caso de los países pobres que, con tal de salir de la pobreza y bajo la supervisión del gobierno, permiten que se usen sus recursos sin más miramientos ni cuidados. Esto significa, el atraso económico no es favorable a la naturaleza, sino perjudicial. El avance económico, sin embargo, permite que se busquen y estén más cercanas las vías alternativas de uso a la naturaleza o de uso a otras fuentes distintas a las no renovables (como la solar o eólica). Por eso los países más avanzados son los más amigables con la naturaleza.

Pongamos un ejemplo histórico de cómo la gestión privada ha superado a la gubernamental en cuanto a preservación de la naturaleza. En la década de los 70, el gobierno de Rodesia (actual Zimbabwe) dispuso que fuera el sector privado el que se dedicara a proteger a los elefantes en sus terrenos y comerciar con ellos, o sea tratarlos como suyos. Enormes hectáreas se destinaban a reservas de los mismos, siguiendo la estrategia que había adoptado Namibia años atrás (1967), lo cual había provocado un aumento de las poblaciones de elefantes en este país de hasta un 80%. En contraste con esto, el gobierno keniano en 1977 prohibió la caza furtiva de este animal. ¿El resultado? La población, entre 1979 y 1989 decreció de 65000 a 19000.

Esta protección era seguida incluso por terratenientes que detestaban a estos animales. De hecho, dado que como recurso turístico son mucho más provechoso que la ganadería e implica menos erosión del suelo, económica y ambientalmente resulta mucho más estable dicha actividad, por lo que conviene cuidarlos y protegerlos en el largo plazo.

Otro ejemplo es el del rinoceronte negro. Y es que su población para finales de los 80 seguía menguando, pues este animal seguía bajo la protección estatal de algunos países africanos. Instituciones ambientalistas como la WWF (World Wide Fund for Nature) se percataron de que el gobierno, al cual habían recurrido primero, estaba siendo poco efectivo. Esto llevó a que fueran a buscar de nuevo la iniciativa privada.

El gran problema radicaba en que las hectáreas de terreno eran pequeñas en comparación con las necesarias para el correcto hábitat del animal. Esto provocó que los terratenientes se agruparan en terrenos más grandes que permitieran dicho hábitat, siendo que la mayor reserva se encontraba precisamente en Zimbabwe y logró reunir 3440 km² de terreno e introducir toda clase de animales en extinción. Esta estrategia, como ya se mencionó, permitió el crecimiento de la población de estas especies (elefante, rinoceronte negro, búfalo, etc.).

El crecimiento de la población se vio afectado de nuevo precisamente cuando las nefastas políticas monetarias del gobierno de Mugabe hicieron que el cuerno de rinoceronte negro se viera más que valorado de nuevo debido a la hiperinflación y la pujanza de aquel en el mercado asiático. Aquello provocó que se volviera a buscar al rinoceronte negro por su cuerno. Las reservas actuaron rápidamente e incluso antiguos cazadores furtivos se sumaron a la defensa, contratados por las reservas para su protección. Aun así, la población se vio muy afectada, siendo que actualmente el crecimiento de la misma es mucho menor al esperado.

Pasemos ahora a las consideraciones éticas. Para poder tener en cuenta las mismas, es necesario primero determinar qué especie vamos a analizar. Esto se debe, precisamente a que cada entidad en la Tierra, sea viva o no, tiene su propia naturaleza no necesariamente relacionada con aquella mencionada por las ciencias naturales. Así, por ejemplo, es común en manadas de leones que, al llegar nuevos machos a una y derrotar al líder, estos maten a los cachorros que no son suyos. Tal práctica, considerada un crimen si de la especie humana se tratase, es natural en los leones. Se sabe también que los chimpancés, por ejemplo, son capaces de usar palos y piedras para quebrar alimentos duros para su dentadura o las presas que construyen los castores con palitos y ramas.

Estos dos últimos ejemplos dan cuenta de que existe cierto nivel de inteligencia entre los animales. Eso lo compartimos, (por supuesto a mayor escala) los humanos. Sin embargo, hay un elemento que nos diferencia y es el de la racionalidad, distinto de la inteligencia. La inteligencia precisamente consiste en utilizar las características de aquello que conocemos para nuestro beneficio. Los animales, sin embargo, hacen esto de forma instintiva, no media en ellos razonamiento, sólo saber lo que es duro, blando, resistente (obviamente sin emplear este lenguaje). La racionalidad es la que lleva a saber abstraernos y además ser capaz de determinar qué características subjetivamente valora más.

Es la racionalidad la madre de la subjetividad y el individualismo. ¿Es perfecta la racionalidad? Por supuesto que no. Es por esto que las normas éticas han de centrarse precisamente en esta naturaleza imperfecta, pero deben diferenciarse de los animales.

Así, por ejemplo, considerar que un animal tiene derechos de propiedad y autoposesión no es correspondiente a su naturaleza. Por tanto, si se requiere proteger la naturaleza, equiparar a un animal con un ser humano va en detrimento de la especie que se trate. Es conocido, por ejemplo, que animales en cautiverio que los han puesto en libertad, deben ser monitoreados, pues su rango de supervivencia es menor.

Por otro lado, está el hecho de los ya mencionados derechos de propiedad. Cuando el ser humano ve aquello que necesita trata de hacerlo suyo. Si este bien está libre aún, aplica lo que es la colonización de dicho bien y lo encierra a su cuidado para garantizar la preservación del mismo. Una vez hecho esto, el bien pasa a ser propiedad (sea por escrito o no) de dicho individuo o, de estar en cooperativa, cada uno posee una parte alícuota de esa propiedad bajo su cuidado mediante un pacto tácito. Es, por tanto, deber del derecho velar porque se respeten los derechos de propiedad (así como la vida y la libertad individual).

Relacionado con el tema, ya vimos como en el caso del rinoceronte negro o el elefante, es precisamente este respeto a los derechos de propiedad, el que garantizó su preservación y cómo es que la hiperinflación de Zimbabwe (nacida precisamente de la impresión desmedida de moneda y la violación de los depósitos bancarios, o sea, robo) provocó que el crecimiento de la población del rinoceronte negro se viese afectado incluso en las reservas privadas.

Por otro lado, existe una contradicción inherente a la hora de hablar de bienes públicos. En teoría, es algo que nos pertenece a todos y que el Estado administra. Sin embargo, al pertenecer a todos, el ser humano percibe que puede usarlos a placer (abundantes), siendo que está en su derecho. Así, es tanto derecho de los cazadores furtivos como de aquellos que quieren protegerlos el ejecutar sus acciones. Surge así dicha contradicción irremediable dentro de los parámetros de lo público, y puesto que el administrador no puede estar en todo momento al pendiente, entonces ambas partes ven su labor sencilla, siendo más visible la de la caza furtiva.

En conclusión, la teoría económica ecológica progresista posee, desde un punto de vista teórico, metodológico y ético puntos excesivamente débiles a la hora de luchar por aquello que desean proteger, siendo que el ser humano, dada su naturaleza creativa y empresarial ya lo hace por su voluntad. Dicha voluntad será tan eficiente como a este se le deje actuar de acuerdo a su libre naturaleza y responsabilizarse de sus propios actos, ya sea que asume pérdidas o disfruta ganancias. Esto garantizará la preservación de aquellos recursos que usa y a su vez le permitirá crear unos nuevos que satisfagan mejor sus necesidades.

Bibliografía:

- Morán, C., 2017, ¿Qué es la economía ecologista?, Madrid, España, Editorial Ecologistas en Acción.

- Roegen, N. G.: 1996, Entropía y ley del proceso económico, Lanzarote, España, Fundación César Manrique.

- Pérez, R. 2011, Ambientalismo y desarrollo sustentable: tramas del sistema capitalista, 3 de junio de 2021, LiminaR vol.9 no.2 San Cristóbal de las Casas,
- http://www.scielo.org.mx/scielo.php?script=sci_arttext&pid=S1665-80272011000200012

- Huerta de Soto, J.2015, Socialismo, Cálculo económico y función empresarial 5ta edición, Madrid, España, Unión Editorial.

- Huerta de Soto, J. 2016, Dinero, crédito bancario y ciclos económicos 6ta edición, Madrid, España, Unión Editorial.

- Rothbard, M. N. 1995, La ética de la Libertad 1era edición, Madrid, España, Unión Editorial.

- Rallo, J. R (coord.), 2012, La protección del Medio Ambiente, Un modelo verdaderamente liberal, pp. 69-74, Madrid, España, Lid Editorial.

ENSAYO XVI: PLATÓN, ARISTÓTELES Y EL PROGRESISMO

Pablo Wassiliu Hippe

Argentina

Maquiavelo supo decir que: "toda acción del presente, tiene su réplica en el pasado". Es por ello, que a lo largo del presente ensayo nos centraremos en dos temas: la pobreza y la educación, haciendo intervenir las ideas de Platón y Aristóteles, para entender ciertos aspectos progresistas de la actualidad. Desde ya que no se pretenderá demostrar que los conceptos de las mentes iluminadas de la antigüedad son la fuente de inspiración para las medidas que afectan nuestros dos pilares, sino simplemente presentar una correlatividad entre las ideas de los filósofos y el progresismo moderno. Intentaremos dejar en el lector, la curiosidad a cerca del origen de las ideas y acciones que vemos hoy en día, fundado en la pregunta ¿De dónde viene esto? Y, en consecuencia, poder encontrar ciertas respuestas en el pasado para entender el presente. Es por ello, que ruego al lector contextualizar las ideas para poder comprender, aunque muy ambiguas, las relaciones que el presente trabajo postula. Sin más que decir, comencemos:

A lo largo de su obra "La República" (o "Politeia"), Sócrates va a dialogar con diversos personajes en busca de la esencia de un concepto clave de la teoría platónica: la justicia. Para conseguir tal fin, el filósofo va a plantear un modelo de ciudad ideal, en la que va a apoyar su investigación, en la cual todos sus ciudadanos son justos. Durante arduas idas y vueltas, a lo largo de 4 libros, van a llegar a la conclusión de que la justicia encuentra su esencia en que: "cada cual no debe tener sino una sola ocupación en la ciudad, (...) en esto parece consistir en cierto modo la justicia: en hacer cada uno lo suyo" (La República, 1981). Esta definición tiene su nacimiento en la concepción de que todos los individuos de la ciudad, tienen por naturaleza un areté o virtud natural, que los vuelve buenos e ideales para desarrollarse en sólo una actividad y qué, para conseguir la ciudad justa (es decir, la ciudad ideal), cada uno deberá ejercer esa función y no otra. Pretender e, incluso, vivir de una actividad para la cual uno no es naturalmente ideal, es degenerar a la ciudad y volverla injusta.

Con esta concepción de la justicia, Platón va a desarrollar la descripción de los 3 estamentos de su ciudad ideal: los gobernantes (con la virtud natural para gobernar), los guerreros (con la virtud natural para hacer la guerra y defender la ciudad) y los productores (artesanos, campesinos, etc.). Según su teoría, cada estamento estaba conformado por polites (ciudadanos), que tenían en su esencia impresa esa virtud que los "obligaba" a ser de ese estamento y no de otro.

Por otro lado, su discípulo Aristóteles dijo: "(...) el esclavo... no tiene el elemento gobernante por naturaleza, sino que su comunidad resulta de esclavo y esclava" (La política, 1988). Con esta frase el pensador griego nos deja entrever dos situaciones. Por un lado, que el esclavo no puede ser otra cosa que esclavo, debido a que de nacimiento tiene un componente natural que le impide ser otra cosa que esclavo y lo condena a la esclavitud por siempre. Por otro lado, nos expone que el esclavo y su decendencia no podrán ascender jamás en la escala social, a causa de ese componente natural que lo vuelve esclavo el cual es "heredable". El filósofo justificaba su teoría, amparándose en la idea de que la humanidad estaba dividida según su razón: primero los hombres (quienes tenían el "factor gobernante"), luego las mujeres (que tenían razón suficiente como para opinar) y por último los esclavos (que simplemente servían con su fuerza corporal en los asuntos domésticos que su amo y señor les encomendara) y que esto no podría modificarse; estaba impreso en su alma la virtud que lo volvía esclavo, por lo cual no podría salir de esa situación.

Aunque hayan pasado 2.500 años, hoy en día el pensamiento de Platón y Aristóteles vuelve, pero en una forma completamente diferente y mucho más maliciosa.

Es bien sabido que en la actualidad muchos gobiernos del mundo, pero en especial en Latinoamérica, aplican programas asistencialistas con los sectores más vulnerables de la sociedad. Planes sociales, asignaciones varias, subsidios y todo tipo de medidas que, en su justa medida, contribuyen a aliviar la situación de las familias más vulnerables de la sociedad. Sin embargo, estas medidas que, según su naturaleza, deben ser temporales si no se desea "quebrar el estado", se han convertido en auténticos programas económicos y sociales de muchos presidentes y líderes del mundo. Durante las campañas, estos políticos dan extensos discursos a cerca de la creación y ampliación de estas medidas, invocando el espíritu de los más vulnerables.

Ahora bien ¿Qué hay detrás de esto? Detrás de estas medidas envueltas en discursos milimétricamente creados y ensayados para camuflar la realidad y endulzar los oídos de quienes sólo buscan una gota de esperanza, se encuentra la razón de los pensadores griegos pero en su fase moderna: el pobre tiene en si su "virtud" de pobre y, por el hecho de poseerla, sólo sabe vivir en la pobreza y no podría vivir por fuera de ella; es por esto que el Estado debe "asistirlos" en su situación para que le sea más "agradable" sobrellevar su pobreza, al igual que los amos deben velar por sus esclavos.

Puede parecer un poco extremo este pensamiento, pero si lo observamos de cerca, muchos candidatos y simpatizantes de ciertos espacios políticos ubicados del centro a la izquierda del espectro ideológico, demuestra esta visión no sólo con medidas económicas sino cuando enuncian sus discursos romantizando la pobreza y que es un error considerarse por fuera de esa clase. Un término sintetiza a la perfección estas ideas: desclasado. Aquellos que acusan a las personas de bajos recursos de no entender la posición que les toca ocupar (de pobre), es porque su esencia esta perturbada por factores como el dinero o la fama; muy similar al pensamiento de Platón y la virtud natural. Un buen ejemplo se dio en la televisión argentina en el año 2020, cuando el periodista Diego Brancatelli llamó "desclasado" al cantante David Adrián Martínez, conocido como "el Dipy", debido a que, entre otras cosas, este último afirmó que: "de la pobreza se sale con trabajo y con esfuerzo", viniendo él de las clases más bajas. Ante esto, podemos observar cómo esta implícita la idea de que una persona que vive en bajas condiciones no puede entender lo que le pasa y por lo cual no puede cambiar su status. Así como Platón afirmaba que ir en contra de la virtud era volverse injusto, querer interpretar y resolver la situación personal de estar en una clase baja es ser "desclasado". Además de ello, demuestra que estas corrientes de pensamiento progresista creen en la subordinación social, económica, política e intelectual de las clases menos pudientes hacia ellos, así como Platón afirmaba que los estamentos inferiores debían subordinarse al estamento gobernante.

El pensamiento de Aristóteles transformado y reinterpretado, juega un papel fundamental en la interpretación de estos fenómenos, debido a que, complementando con la teoría platónica, el pobre no puede salir de su situación porque no sabría vivir de otro modo. Es por ello que el Estado debe "mimarlos" y "cuidarlos" ya que, de otra forma, ellos mismos no podrían hacerse cargo de su vida.

Es así como la subestimación a las clases más bajas de la sociedad, ha fomentado el asistencialismo como programa económico y el castigo discursivo a quienes osen disputar esta visión del mundo, o al menos, de la sociedad en la que se encuentran inmersos. En resumen, detrás de los discursos del progresismo se encuentra la idea de que un pobre no va a poder ser otra cosa porque no sólo está impreso en su espíritu (Platón), sino que tampoco sabría vivir de otra forma (Aristóteles). Es por ello que se los debe asistir y no se puede, ni siquiera, considerar como una opción, el ascenso social. Una visión perversa que encamina a muchos pueblos a la miseria.

Antes de continuar es justo hacer una aclaración muy importante, a fin de evitar una "demonización" de Platón y de Aristóteles. Debemos entender que ambos pensadores pensaron su sociedad hace poco menos de 2.500 años. Su contexto era extremadamente diferente al nuestro. Sin embargo, la gran diferencia, lo cual vuelve mucho más perverso el asunto, es que para ambos filósofos (como para la gran mayoría de los hombres es de esa época), todas las situaciones antes mencionadas eran dadas de manera natural. Un artesano, no lo era por elección, era por que naturalmente tenía las condiciones para ser artesano; una mujer no podía gobernar por que naturalmente su razón no se lo permitía. En cambio, en nuestros días, entendemos a la pobreza como una construcción social, por lo cual, no es natural que una persona viva en situaciones de pobreza y miseria, sino que es causa de acciones políticas y sociales. En resumidas cuentas, para los antiguos las causas de las clases sociales eran naturales; hoy en día no, razón por la cual, no sería un delirio decir que un pobre puede vivir por fuera de la pobreza.

Pero para poder rastrear un poco más las raíces antiguas del pensamiento progresista, introduzcámonos en un breve análisis de la educación.

Platón, a lo largo del libro III da La República, presenta su modelo de educación para la clase guerrera. Este modelo, estaba basado en la censura de ciertos pasajes y términos de las poesías, las cuales se utilizaban para educar a los niños de la época. Esto, lo proponía con el fin de educar a los futuros guerreros, para que satisfagan la necesidad que su espíritu revelaba. En otras palabras, los educaban para ser guerreros ya que desde la infancia habían revelado tener un espíritu de tal característica. Si lo pensamos en la modernidad, la educación que propone el progresismo decanta sus acciones en esa idea: suprimir todo aquello que al régimen no lo convenga para "formar" a los ciudadanos según su conveniencia. El lector podrá decirme que esas acciones no son nuevas ni propias del progresismo, en cuyo caso les daré la razón. Sin embargo, pocos tomaron esas medidas como banderas de lucha, dentro de regímenes "democráticos". La deformación del lenguaje, los conocimientos cuasi-científicos, verdades inexactas, teorías sin pruebas ni aceptación académica, son muchos de los ejemplos de acciones que, aunque no se digan, se embanderan detrás de las propuestas del progresismo.

Sin embargo, esto no es posible si los docentes no se sometieran a educar a nuestros niños bajo estas normativas. Esto, también fue mencionado por Platón como una necesidad; el instruir a los poetas para que cumplan con el plan ideológico de educación. Podemos rastrear esto cuando el filósofo dice: "Nosotros hemos menester de un poeta o un narrador (…) que sea útil a nuestro propósito (…) y que ciña su lenguaje a las normas que establecimos (…)" (La República, 1981, página 205). En la Grecia antigua los poetas, antes de la aparición de los sofistas (e incluso durante su auge), eran los encargados de transmitir el conocimiento. Bajo estas ideas, se forman los que pasan de 3 a 5 horas diarias con nuestros niños y los educan para "ingresarlos al sistema"; sistema que han creado, en el cual no permiten oposición o luz de razón distinta a la impuesta por ellos.

Para finalizar, me gustaría nuevamente repetir un concepto importante expresado en dos oportunidades. De ninguna manera se intenta argumentar que el progresismo moderno utiliza los textos y las teorías de Platón y de Aristóteles como guía de sus acciones. Lo que se pretendió demostrar, o al menos intentar, es la relación que existe entre las teorías de los antiguos y las modernas.

Tampoco se ha buscado demonizar a los pensadores antiguos, ya que traer sus mentes al siglo XXI, decantaría en un anacronismo totalmente injusto.

En la medida que entendamos algunas raíces, las cuales fueron evolucionando a lo largo del tiempo y otras fueron recuperadas en algún capítulo de nuestra historia humana, son necesarias para entender el porqué de nuestros días, es que vamos a contar con mayores herramientas para dar esta batalla. No todo está perdido, pero debemos retroceder hasta los lugares más recónditos que el padre cronos nos permita ingresar y recuperar esas herramientas, para poder "plantarnos" frente a este monstruo que cada día le cuesta más crecer.

¡A POR ELLOS!

BIBLIOGRAFÍA:

Aristóteles, "Ética a Nicómaco". Editorial Gredos. Madrid, España.

Aristóteles. "La Política" (1988). Editorial Gredos. Madrid, España.

Aristóteles. "Metafísica" Editorial Gredos. Madrid, España.

Platón. "La República" (1981). EUDeBA. Ciudad Autónoma de Buenos Aires, Argentina.

Poratti, Armando R. "Teoría política y práctica política en Platón" Capítulo 1. (2000). Colección CLACSO. EUDeBA. Ciudad Autónoma de Buenos Aires, Argentina

ENSAYO XVII: EL CIUDADANO PRIVILEGIADO

Por Pablo Wassiliu Hippe

Argentina

Muchos son los mitos que hoy en día circulan por el mundo en la órbita progresista sobre las personas y sus circunstancias sociales. Muchos de estos se crean con fallas anacrónicas, poca especificidad científica y hasta incluso con mentiras. Pero no hay mito más equivoco, y por lo tanto contraproducente, que el de los "privilegios".

Este mito contrae una enorme contradicción y es debido a que, quienes acusan a un sector de la sociedad de ser privilegiados por condiciones irrisorias (ser hombre, ser blanco, ser heterosexual, etc.), enuncian esto desde un lugar de privilegio; un lugar el cuál lo tienen prácticamente desde su natalicio, pero no son conscientes de él. Esta condición, la cual no pueden reflejar en su discurso (por ignorancia o por malicia), es el simple hecho de ser ciudadano.

Hace más de 350 años los hombres vivían en la más feroz desigualdad. Un solo hombre decidía los destinos no sólo de su país, sino también de todos sus habitantes y de forma directa. El rey, hombre elegido por Dios para conducir su nación, era quien "repartía" los derechos y los privilegios arbitrariamente, según su relación con el afectado, la necesidad de su gobierno o simplemente en base al humor con el que se había despertado. Es así que muchos tienen fama de ser reyes piadosos y justos y otros de ser tiranos y asesinos despiadados. Esto, sumado a que muchos de ellos no permitían oposición alguna y el castigo era la muerte.

Pero a partir del siglo XVIII, y base a las revoluciones liberales, la humanidad logró conseguir algo que hoy en día es tan común como indispensable para nuestras sociedades: la ciudadanía.

El ciudadano es aquel sujeto que vive dentro de una comunidad y posee los derechos y obligaciones que dicha comunidad le otorga; derechos que son comunes a todos y no son designados o "repartidos" a dedo, como los eran en épocas pasadas. Aquí podemos ver como en base a procesos históricos, se derriba una parte del mito de los "privilegios de los hombres", debido a que a todos nos fueron otorgados los mismos derechos sin distinción de raza, género o título.

En la modernidad, estos derechos van efectivizarse según el régimen político que una nación adopte. Es así que los países que verdaderamente adoptan un régimen democrático garantizan muchísimos derechos a sus ciudadanos tales como: derecho a una identidad, derecho a la libertad de expresión, derecho a la libertad asociativa, derecho a elegir a sus representantes, derecho a la igualdad en las cargas públicas, derecho a ser funcionario público, derecho a elegir que estudiar y a que dedicarse, entre cientos de otros derechos.

Esto dista de aquellas naciones las cuáles no tienen a la democracia como pilar fundamental de su sistema político, lo cual ocasiona que no existan derechos que para nosotros son tan básicos como, por ejemplo, el derecho a elegir con quien casarse, el derecho a poder conducir automóviles, el derecho a elegir que religión profesar, etc. Con este criterio deberíamos sentirnos privilegiados de poder decidir por nosotros mismo todas esas cosas que, en otras partes del mundo no se puede.

Este proceso de otorgar igualitariamente derechos a las personas por el simple hecho de ser ciudadanos no es un proceso rígido, sino que continúa expandiéndose hasta nuestros días, es decir, que cada vez se otorgan más derechos. Es la llamada ampliación de derechos.

Ahora bien: ¿Cuál es el asunto con el progresismo? Varias cuestiones. En primer lugar, hay que detallar que las olas progresistas se dan, casi en su mayoría, en aquellas naciones que han adoptado un régimen democrático, por lo cual cuentan con el "paquete premium" de derechos, y no en aquellas en las cuales la libertad de expresión es sólo un sueño. Es así que la progresía cuenta con derechos que millones de ciudadanos, por no tener un régimen que se los garantice, no los tienen. Siguiendo la lógica de estas ideas podríamos decir que, a nivel mundial, tenemos privilegios que otros no.

En segundo lugar, el conflicto no reside en que el progresismo luche por la ampliación de derechos; de facto eso es completamente necesario para alcanzar sociedades más justas. El problema se encuentra en que, al buscar esta ampliación, rompen un principio básico que es el de la igualdad; el alcance igualitario y universal de los derechos. Impulsan proyectos que intentan garantizar ciertos derechos a las minorías con motivo de buscar una "igualdad" imaginaria pero su consecuencia es una afectación negativa directa al resto de la sociedad. Pero para no caer en ingenuidades, cabe aclarar un punto. Es imposible que las políticas vayan siempre orientadas al total de los ciudadanos a causa de la desigualdad de situaciones en las que la población se encuentra: no son iguales los problemas y necesidades de un ciudadano que viven en la capital de la nación, que las de aquel que vive en una zona rural, en una provincia o estado con pocos recursos productivos.

Este tipo de acciones son las que el progresismo impulsa en todo el mundo. Desigualdad encubierta en empatía. Injusticia encubierta en sensibilidad. Irracionalidad justificada en los "privilegios", los cuales son poseídos por aquellos que dicen ser sus enemigos: hombres blancos heterosexuales occidentales. Estas acciones y propuestas, rompen con cientos de años de lucha de la humanidad en crear una sociedad igualitaria en derechos, garantías y obligaciones. Crearon la sociedad de la enemistad perpetua en la cual, en vez de buscar motivos para reunirnos, los buscamos para pelearnos. Transformaron nuestra vida en un partido de futbol continuo en el cuál ambas tribunas recurren a la violencia para mostrar "cuál es mejor", ignorando que eso no afecta el resultado del partido.

Una reflexión para finalizar. Es cierto que ciertos derechos que fueron otorgados a la ciudadanía en general, por malas gestiones de gobierno e inacción social no se garantizan. Pero la lucha debe estar orientada a que se cumplan esos derechos y nuestros estados trabajen en hacerlos efectivos. Eso va a crear una sociedad más igualitaria y justa en la cual, sin importar la condición del ciudadano, goce de los mismos derechos y tenga las mismas obligaciones que todos. Porque la ciudadanía no reconoce de géneros, color o religión. En muchos casos, no es una condición sine qua non ser ciudadano para gozar de ciertos derechos; el simple hecho de ser habitante de una nación permite el alcance de muchos de los derechos básicos que un país otorga. Pero inventar nuevos derechos que se aplican desigualmente o intentar "crear" un derecho que ya existe y no se garantiza, genera un retroceso en nuestras sociedades del cuál, el costo por volver al punto de partida, será el doble.

Made in the USA
Columbia, SC
15 January 2025

50699052R00089